PHÉNOMÈNES

DE

L'HISTOIRE UNIVERSELLE

PHÉNOMÈNES

DE

L'HISTOIRE UNIVERSELLE

PAR

F. C. L. Donny

Premier Avocat Général honoraire à la Cour d'Appel de Gand

I

PHÉNOMÈNE ISRAÉLITE

— Blocs erratiques d'où venez-vous?
— Une main plus puissante que celle des hommes
nous a détachés de la roche lointaine et dispersés sur
la terre étrangère. Là, des siècles ont passé sur nous
sans nous transformer; et tu nous y trouves encore,
toujours isolés et toujours les mêmes; témoins per-
petuels d'un ordre de choses qui n'est plus.

GAND

C. POELMAN, IMPRIMEUR-ÉDITEUR

RUE HAUTPORT, 19.

PARIS
LIBRAIRIE DE P. LETHIELLEUX
Rue Bonaparte, 6

BRUXELLES
LIBRAIRIE DE H. GOEMAERE
Rue de la Montagne 52

1868

PHÉNOMÈNE ISRAÉLITE

CHAPITRE I.

—

ORIGINE.

> Qu'est-ce que la plus ancienne noblesse
> castillane, en comparaison de cette famille
> chaldéenne dont le blason spécial remonte
> à plus de 37 siècles ?

Sur l'invitation du docteur Muril, ses amis l'avocat Victor, le polytechnicien Gustave, le professeur de mathématiques Théodore et le rentier studieux Frédéric s'étaient réunis de bonne heure dans la petite bibliothèque de leur ami, pour y continuer leurs entretiens habituels, en exécution d'un programme précédemment arrêté (1).

Dès qu'ils se furent assis, Victor leur dit :

— Il paraît que notre cher Docteur s'attend à une séance plus longue qu'à l'ordinaire ; et le tout premier des moyens d'en accélérer la fin, c'est de la commencer immédiatement. Je déclare donc la discussion ouverte et je donne la parole à Muril.

(1) Pour ce programme, voir *La Foi, le bon sens et les faits* (Bruxelles, Goemaere, 1863. pp. 505 à 512) ; et de plus la *Petite Revue en soirée d'anciens condisciples* (Bruxelles, Goemaere, 1865. pp. 12 à 15 et 44).

— Nous avons sous les yeux, dit celui-ci, deux catégories de personnes dont l'existence est un double phénomène historique. Ce sont : d'un côté, les enfants d'Israël avec leur antiquité, leur caractère spécial, leurs croyances religieuses; et, d'un autre côté, les populations chrétiennes avec leurs martyrs, leurs missionnaires et leurs Sœurs de charité.

Je ne veux m'occuper aujourd'hui que du phénomène israélite; mais j'appellerai votre attention spéciale sur ce fait, aussi remarquable qu'il est peu remarqué.

— Attention, Messieurs! Le chrétien Muril va nous présenter un acte d'accusation fulminant à la charge des juifs, ennemis mortels du christianisme.

— Je n'accepte pas le rôle sévère d'accusateur; rôle dont M. Rupert s'est déjà chargé (2). Je ne dois et ne veux être qu'un simple rapporteur impartial et véridique. Je puis ajouter, que lorsque je réfléchis sérieusement sur l'origine, sur la destination et sur la position de la famille israélite, ma pensée s'élève si haut, que les passions, les affections et les préventions humaines ne sauraient l'atteindre.

— Qu'il me soit permis, dit Frédéric, de faire observer qu'une discussion sur les juifs, pendant une séance entière, me parait un peu longue : surtout quand je cherche à me rendre compte de l'utilité qu'elle peut avoir pour nous. Lorsque Muril nous aura convaincus de leur antiquité, qu'il nous aura dépeint leurs diverses situations, qu'il nous aura fait connaitre leur caractère spécial et leurs croyances religieuses, et qu'il nous aura même soumis ses conjectures sur leur destination; notre discussion n'en sera pas plus avancée. J'ai beau y mettre de la bonne volonté, je ne vois, dans rien de tout cela, le triomphe du Christianisme sur le Déisme : thèse que Muril soutient devant nous.

— Ton observation, mon cher Frédéric, mérite une réponse

____

(2) Rupert. *L'Église et la Synagogue* (1859. Tournai, Casterman. Paris, Lethielleux.)

immédiate, parce que notre discussion sur les Israélites devrait cesser à l'instant même, si tous nos amis partageaient ta manière de voir.

Les éléments que tu rejettes comme inutiles, avant même de les connaître, viennent tous à l'appui de ma thèse; et dès lors il convient qu'on m'en laisse la libre disposition.

Mais j'ai un autre motif encore de m'occuper en détail de la famille israélite : c'est, qu'au point de vue religieux, les chrétiens ne sont pour ainsi dire que les frères cadets des juifs; en ce sens, que la religion des chrétiens a précisément la même origine et le même fondement que celle des Israélites et que, pendant une longue série de siècles, l'histoire de l'une de ces religions fut en même temps l'histoire de l'autre; avec identité de révélation, identité de prophéties, identité d'écritures sacrées. A proprement parler, les chrétiens ne sont que des sectateurs de cette foi monothéiste dont les Israélites ont conservé, tant bien que mal, le précieux dépôt; foi, que le Christ et ses apôtres ont ramené à sa pureté primitive et rendue plus digne du créateur de l'Univers. Essayer de te faire apprécier le Christianisme à sa juste valeur, sans te parler des juifs, serait une entreprise au-dessus de mes forces. Tu me permettras de ne pas la tenter.

— Parle des juifs, mon cher. Parle nous d'eux tant que tu voudras. Je comprends maintenant que la chose peut avoir son utilité.

— Oui; parle nous des juifs, dit Théodore; mais abstiens-toi d'en faire une *famille;* à moins qu'il ne te semble qu'on puisse dire également la *famille Musulmane,* la *famille Boudhiste,* etc.; ce que je n'admets point pour ma part.

— Les Israélites descendent tous du Patriarche Jacob surnommé Israël, qui était fils d'Isaac et petit-fils du patriarche Abraham, souche primitive de cette famille monothéiste.

— Je sais fort bien que les juifs se donnent cette origine : mais Jules César ne prétendait-il pas descendre de la Déesse Venus !

— La descendance de Venus est du domaine de la fable; celle d'Israël appartient à l'histoire.

— A quelle histoire ?

— Avant tout à l'histoire ancienne, qui suit les Israëlites depuis leur origine jusqu'à leur dispersion définitive; ensuite à l'histoire moderne, qui nous les montre établis chez tous les peuples du monde, sans se confondre avec aucun d'eux.

— Commençons par l'histoire ancienne.

C'est sans doute dans la Bible que tu étudies la descendance de Jacob.

— Oui, mon cher; et j'y trouve une foule de tables généalogiques, qui méritent d'autant plus d'attention qu'on était obligé d'y avoir recours de demi siècle en demi siècle, pour régler la rentrée jubilaire de chaque Israëlite dans les biens qu'il avait possédés (3); et qu'elles servaient d'ailleurs de titres pour l'exercice des fonctions sacerdotales : titres, dont la production était de rigueur; ainsi que l'éprouvèrent les enfants de Berzellaï, auxquels se rapporte le verset biblique suivant :

« NEHEMIE. (Liv. II. d'ESDRAS) VII. 64. Ceux-ci cherchèrent » l'écrit de leur généalogie dans le dénombrement; et, ne l'ayant » point trouvé, ils furent rejetés du sacerdoce. »

— Mais les juifs n'ont-ils pas altéré la race patriarcale, par l'admission de prosélytes et par des unions contractées avec des individus étrangers ?

— Les Israëlites ont, en effet, admis des prosélytes; mais pas dans tous les temps : car le fameux Rabbin Maimonide rapporte que David et Salomon n'en permettaient pas l'admission (4).

Quoi qu'il en soit, le prosélyte se sera choisi une compagne parmi les filles d'Israël. L'enfant né de cette union aura été : ou bien élevé en dehors de la loi mosaïque, ou bien assujetti à cette

---

(3) LEVITIQUE. XXV. 10 à 34.

(4) Basnage-Dupin. *Histoire des Juifs.* (continuation de Josephe). Liv. 7. Chap. 8. N° 10. (Paris 1710).

loi. Dans le premier cas, (bien rare sans doute), il se sera probablement abstenu de s'unir à quelqu'enfant d'Israël, et ses descendants auront fini par ne plus appartenir à la nation juive. Dans le second cas, l'enfant demi-juif aura contracté une union avec un individu descendant de Jacob, et il aura ainsi donné le jour à ce qu'on appelle, en langage colonial, des *quarterons;* qui auront eu pour postérité des *octavons* et ainsi de suite ; de manière à faire disparaître la nuance étrangère au bout d'un petit nombre de générations. Cette nuance ne doit donc plus entrer en ligne de compte.

— Et les alliances avec des individus étrangers !

— Il était rigoureusement défendu aux Israélites de s'unir à des individus idolâtres; et, à peu d'exceptions près, tous les peuples l'étaient à cette époque. Esdras a même rompu des mariages contractés en violation de cette défense; et je le prouve :

« ESDRAS. LIV. I. chap. X. ℣. 10. Et Esdras, prêtre, se levant » leur dit, vous avez violé la Loi, et vous avez épousé des fem- » mes étrangères pour ajouter ce péché à tous ceux d'Israël. »

« ℣. 11. Rendez donc maintenant gloire au Seigneur le Dieu » de vos pères. Faites ce qui lui est agréable et séparez-vous des » nations et des femmes étrangères. »

« ℣. 12. Tout le peuple répondit à haute voix : que ce que » vous nous avez dit soit exécuté. »

Ce décret fut exécuté, en effet, excepté par le petit nombre de juifs qui allèrent fonder le temple schismatique de Samarie.

En tout cas, l'observation que je viens de faire à l'égard des prosélytes est également applicable à la postérité provenant d'unions contractées en violation de la loi.

— Voilà pour l'antiquité.

— Oui, et voici pour ce qui regarde les temps modernes.

Le prosélytisme, exercé par une race proscrite et le plus souvent persécutée, n'a jamais dû produire des résultats d'une certaine importance. Ce prosélytisme ne semble d'ailleurs pas avoir

été fort actif, s'il faut ajouter foi à ces paroles de Basnage (5) :
« Si l'on accorde aux prosélytes le salut et la vie éternelle, ce
» n'est qu'à condition qu'ils souffriront douze mois entiers dans
» les enfers, parce que ce sont eux qui ont retardé la venue du
» Messie, et qu'ils ne peuvent être considérés que comme *la*
» *teigne d'Israël.* »

— Tu vas sans doute me dire quelque chose d'analogue, pour
ce qui regarde les mariages, dans les temps modernes.

— Je fais mieux : je prends la déclaration adressée en 1806
au gouvernement français par l'assemblée générale des députés
juifs, et je vais te lire quelques lignes de sa 3me réponse (6).
Ecoute :

« ..... La loi ne prohibe nominativement les mariages qu'avec
» les sept nations cananéennes, avec Ammon et Moab, et avec
» les Egyptiens..... La prohibition ne s'applique qu'aux peuples
» idolâtres. Le Talmud déclare formellement que les nations
» modernes ne le sont pas, puisque, comme nous, elles adorent
» le Dieu du ciel et de la terre; aussi y a-t-il eu, à différentes
» époques, des mariages entre les juifs et les chrétiens en France,
» en Allemagne et en Espagne : ils furent successivement tolérés
» et défendus par les lois des Princes dans les Etats desquels les
» juifs ont été reçus. Il en existe aujourd'hui quelques-uns en
» France; mais on ne doit pas laisser ignorer que l'opinion des
» Rabbins est contraire à ces sortes d'alliances. Selon leur doc-
» trine, quoique la religion de Moïse n'ait pas défendu aux juifs
» de s'allier avec ceux qui ne sont pas de leur religion, néan-
» moins comme le mariage, d'après le Talmud, exige pour sa
» célébration des cérémonies religieuses appelées *kiduschins*, et
» la bénédiction usitée en pareil cas, nul mariage n'est valable
» religieusement qu'autant que ces cérémonies ont été remplies.
» Elles ne pourraient l'être à l'égard de deux personnes qui ne
» reconnaissent pas également ces cérémonies comme sacrées. »

(5) Ibidem. Liv. 7. chap. ix. N° 12. (T. 5. p. 156).
(6) Théophile Hallez. *Des juifs en France.* (Paris 1845. Dentu) p. 303 et 304.

— Qu'est-ce que ce *Talmud,* que l'assemblée juive cite deux fois à titre d'autorité? demanda Frédéric.

— Je vais laisser, à l'Israëlite Cahen, le soin de répondre à cette question. Voici ce qu'il écrit à ce sujet (7).

« *Talmudisme.* On sait que les Israëlites rabbinistes possèdent
» des dogmes, des prescriptions, des faits qui ne sont connus
» que par la tradition, qui ont été transmis de bouche en bou-
» che et dont l'ensemble, par cette raison, forme un code dé-
» signé sous le nom spécifique de *code oral* ou de *doctrine*
» *orale* (תורה שבעל פה). Cette dénomination distingue
» cette doctrine d'une autre qui est immédiatement révélée et
» désignée par le titre de *doctrine écrite* (תורה שבכתב). Le
» premier code, qu'on appelle également le *Talmud,* est aussi
» nécessaire au salut que le second code, disent les Talmudistes.
» Si le Talmud était contenu dans l'Ecriture Sainte d'une ma-
» nière évidente, on n'aurait pas besoin de l'y chercher; et
» toutefois il faut qu'il y soit, et il y est en effet; car en inter-
» prétant convenablement les pensées des écrivains sacrés,
» comparant entre eux tous les versets, et concluant tantôt du
» général au particulier, du maximum au minimum, et tantôt
» à l'inverse, et se servant avec sagacité de treize modes d'ar-
» gumentation (שלשה עשרה מדות), les talmudistes prou-
» vent que la *Mischna* et la *Guemara,* les deux parties intégrantes
» du Talmud, sont exactement contenues dans le Bible. »

— Treize modes d'argumentation! s'écria-t-on.

— Ce n'est pas trop, je pense, lorsqu'il s'agit de prouver que les *douze volumes in-folio du Talmud de Babylone* (8) sont *exactement contenus* dans le seul volume in-8 que voici (9).

J'aurai, du reste, à vous parler encore du Talmud, à la fin de

(7) Bible hebraïco-française. T. 1. (1845) p. VI. de l'avant-propos de la 1re édition.

(8) Prideaux. *Hist. des juifs.* T. 2. p. 243. (Amsterdam 1728). Le texte est reproduit ci-après.

(9) Bible hébraïque de Hahn. (Leipzig. stéréotype. 1839).

la séance; mais, en ce moment, je vais continuer ma discussion avec Théodore sur la *famille* d'Israël.

— Théodore, mon ami, dit alors Victor, ne sois pas trop exigeant. Le cachet de famille qui se trouve empreint sur la figure des juifs confirme les assertions de Muril.

— Confirmation d'autant plus remarquable, ajouta celui-ci, que la physionomie des juifs de notre époque ressemble exactement à celle de leurs ancêtres de la Palestine (10).

— A merveille, Docteur! s'écria Théodore. Il ne te reste plus qu'à nous montrer quelque gravure bien ou mal faite représentant le Roi Salomon prononçant, du haut de son trône, le jugement que tout le monde connait; et puis tu pourras me dire : vois comme il a le nez juif.

— Je ne te montrerai pas la figure du Roi Salomon, répondit Muril : mais voici le portrait, probablement officiel, de son fils Roboam. En parlant ainsi, le Docteur fit passer, sous les yeux de ses amis, la 3me planche du second volume des discours du Cardinal Wiseman : planche, dont la figure 1re est la représentation, faite au simple trait, d'un personnage qui se trouve parmi les figures découvertes dans les monuments des anciens Egyptiens. Lorsque la planche eut été suffisamment examinée, Muril reprit la parole, pour donner quelques explications à ce sujet.

La Bible, dit-il, nous parle du personnage que je vous montre, la tête ceinte d'un diadème symbole de la royauté et les bras liés derrière le dos, en signe de captivité ou tout au moins d'assujettissement. Je vais maintenant vous lire quelques versets de nos antiques écritures.

(10) Le professeur Marcel de Serres nous apprend que Mr Dureau de la Malle a prouvé l'identité d'origine des Chaldéens, des Kurdes et des Mèdes sculptés sur les bas-reliefs de Persepolis, des juifs reproduits sur les monuments grecs et romains, et des juifs du *Ghetto* de Rome ; et qu'il a tiré sa preuve de la similitude du type caractéristique de ces différents peuples. Le professeur ajoute que Mr Boré est arrivé au même résultat par des remarques philologiques (*cosmogonie de Moïse*. T. 2. p. 273-274. Paris 1859).

J'ouvre le 2ᵐᵉ livre des *Paralipomenes* ou *Chroniques*, et je lis :

« Chap. XII. ℣. 2. Mais la cinquième année du règne de Ro-
» boam, Sésac (11), Roi d'Egypte, marcha contre Jérusalem
» (parce que les Israëlites avaient péché contre le Seigneur). »

« ℣. 6. Alors les princes d'Israël et le Roi fort consternés di-
» rent : Le Seigneur est juste. »

« ℣. 7. Et lorsque le Seigneur les vit humiliés, il fit entendre
» sa parole à Séméias et lui dit : Puisqu'ils se sont humiliés, je
» ne les exterminerai point; je leur donnerai quelque secours,
» et je ne ferai point tomber ma fureur sur Jérusalem par les
» armes de Sésac. »

« ℣. 8. Mais ils lui seront assujettis, afin qu'ils apprennent
» par là quelle différence il y a entre m'être assujetti et être as-
» sujetti aux Rois de la terre. »

« ℣. 9. Sésac, Roi d'Egypte, se retira donc de Jérusalem après
» avoir enlevé les trésors de la maison du Seigneur et ceux du
» palais du Roi; et il emporta tout avec lui, et même les bou-
» cliers d'or que Salomon avait fait faire. »

Je ferme la Bible et je vais chercher le complément de mon
explication dans les discours religioso-scientifiques du Cardinal
Wiseman.

---

(11) **SÇHî-y-sçha-k**

Pour la prononciation de mon hébreu modernisé, il ne faut tenir compte que
des seules lettres grasses.

La dernière lettre du mot ci-dessus se prononce à l'ordinaire; et les autres,
comme dans *schisme, schiste, schabraque, schah*.

Ceux de mes lecteurs qui s'occupent des textes bibliques sont renvoyés à *l'appendice linguistique* qui termine le présent opuscule.

Cet *appendice* est une addition faite au manuscrit primitif, tel qu'il était terminé
en février 1867 et qu'il a été soumis à l'appréciation d'un respectable théologien.

Je saisis avec bonheur l'occasion de lui témoigner ici ma gratitude, pour la
peine qu'il s'est donnée d'examiner mon manuscrit et de formuler quelques observations, dont je me suis empressé de profiter.

Un article du *Moniteur belge*, reproduit ci-après (v. note 23), est encore une
addition faite postérieurement à ces observations critiques. Elles portent la date
du 5 mai; et le Moniteur, celle des 24-25 juin 1867.

Je trouve d'abord, dans le huitième discours, un passage ainsi conçu (12) :

« En avançant par ordre de date, Rosellini et tous les autres
» chronologistes placent la cinquième année de Roboam au temps
» où Shishak parcourut le royaume de Juda et conquit Jérusa-
» lem, c'est-à-dire dans l'année 971 avant Jésus-Christ (A). Or,
» sur les monuments Egyptiens, nous voyons que Sheshouk
» commença son régne et la 21me dynastie précisément à la même
» époque (B). »

« Rosellini a publié plusieurs monuments de Shishak ; et l'un
» d'eux particulièrement offre la plus puissante confirmation
» qu'on ait jusqu'ici découverte en aucun lieu, de l'histoire sacrée
» par l'histoire profane..... »

Je retrouve ensuite dans le neuvième discours (13) les détails que je viens de lire dans la Bible. Puis son Eminence continue en ces termes : « Shishak vint donc ; il s'empara des dépouilles
» du temple, et entre autres des boucliers d'or faits par Salo-
» mon. On a représenté en détail, dans la grande cour de Karnak,
» les exploits de ce conquérant, le restaurateur de la puissance
» égyptienne. Nous pouvons d'autant plus naturellement penser
» que la conquête de Juda s'y trouve comprise, que ce royaume
» devait être considéré comme étant arrivé à son plus haut point
» de gloire au moment où Salomon venait d'étonner toutes les
» nations voisines par la splendeur de sa magnificence. Voyons
» s'il en est ainsi. Dans ces peintures, Shishak est représenté,
» suivant une image familière aux monuments égyptiens, tenant
» par les cheveux une foule de personnes agenouillées et entas-

(12) Wiseman T. 2. page 102. (Bruxelles 1838).

(A) 3me ou 1er Rois. XIV. 25. (n. de Wiseman).

(B) Rosell. p. 83. voyez aussi la 2me lettre de Champollion. p. 120, 164. Aussi sa lettre à M. G. A. Brown, dans les *principaux monuments égypt. du musée britan.*, par le T. H. Ch. York et M. le Colon. M. Leake ; Lond. 1827, p. 23. (n. de Wiseman.)

(13) Wiseman. ibid. p. 151.

» sées l'une sur l'autre, sa main droite est levée, et il s'apprête
» à les extermines toutes d'un seul coup de hache d'armes. Près
» de-là, le Dieu Ammon-Ra entraine vers Shishak une foule de
» captifs, les mains liées derrière le dos. Si le premier groupe
» représente ceux qu'il extermina, on peut supposer que le second
» est l'image de ceux qu'il fit seulement ses esclaves, ou se con-
» tenta de subjuguer en les assujettissant à un tribut. D'après la
» promesse qui lui avait été faite, le Roi de Juda devait se trou-
» ver dans le deuxième groupe, et c'est là qu'il nous faut le cher-
» cher. Aussi, entre les Rois captifs, nous en trouvons un dont
» la physionomie est parfaitement juive, ainsi que le remarque
» Rosellini. Il ne nous a pas encore donné la copie de ce monu-
» ment, quoiqu'il en ait fourni la légende (c). Mais, afin que vous
» puissiez juger combien l'extérieur de ce personnage est peu
» égyptien et combien il est hébraïque, j'ai fait copier exacte-
» ment cette figure pour vous, d'après la gravure publiée à Paris
» par Champollion. (pl. 5) (d). Le profil avec la barbe est entière-
» ment juif; et pour rendre ceci plus frappant, j'ai placé à côté
» une tête d'Egyptien tout-à-fait dans le caractère du type de
» cette nation. Chacun des monarques captifs porte un bouclier
» dentelé, comme si l'on eut voulu représenter les fortifications
» d'une ville. Ce bouclier porte une inscription en caractères
» hiéroglyphiques, indiquant sans doute quel est le personnage.
» La plupart, sinon tous les boucliers, sont tellement effacés,
» qu'on ne peut plus y rien lire, excepté sur celui où se trouve
» notre figure juive, telle que vous la voyez dans le dessin. Les
» deux plumes représentent les lettres JE, l'oiseau, OU; la main
» ouverte, D ou T; ce qui nous fait *Jeoud*, mot hébreu pour Juda.
» Les cinq caractères suivants représentent les lettres HAMLK, et,
» en ajoutant les voyelles, que l'on omet habituellement dans les
» hiéroglyphes, nous obtenons le mot hébreu avec l'article, *Ha-*

(c) Monuments de l'Egypte, 1re part., Tome II, p. 79. (n. de Wiseman).
(d) Dans ses lettres écrites d'Egypte. (n. de Wiseman).

» *melek, le Roi.* Le dernier caractère est toujours mis pour le
» mot *Kah, pays.* »

— Je ne veux pas insister davantage sur l'expression *famille
Israëlite,* dit alors Théodore; mais je te demanderai ce que tu
trouves de si phénoménal dans cette famille.

— Le nom de *phénomène,* répondit Muril, ne me semble pas
appliqué mal à propos à l'exemple, unique dans l'histoire, d'une
famille qui existe depuis plus de 5700 ans et qui s'est mainte-
nue dans un état d'isolement bien caractérisé résistant, sur tous
les points du globe, à l'influence d'événements de toute nature
et de législations de toute espèce.

— Il ne m'est pas démontré que l'isolement des juifs soit
aujourd'hui plus complet que celui des protestants, dans certains pays catholiques, et *vice versa.* En tous cas, s'il fallait
admettre que la communauté juive s'isole plus que d'autres
sectes dissidentes, le fait s'expliquerait de la manière la plus
naturelle du monde : Il ne serait, en effet, qu'une simple conséquence de la répulsion dont les juifs sont l'objet de la part
des chrétiens.

— En parlant ainsi, tu te mets en contradiction avec l'histoire.

— Même avec l'histoire moderne?

— Même avec celle-ci. Mais pour justifier complétement mon
reproche, je commence par l'histoire ancienne.

Tacite constate l'isolement opiniâtre des Israëlites; et le fait
remonter jusqu'à Moïse qui, dit-il, institua des rites religieux
hostiles au reste du genre humain. L'auteur fait d'ailleurs remarquer la fidélité et la bienveillance qui règnent parmi les juifs et
la haine violente dont ils sont animés contre les étrangers (14).

---

(14) Tacite. *Hist.* Liv. V. cap. 4 et 5. (T. 2. p. 251. Leipsich. stéréotype.
1846). TEXTE : « IV. Moyses quo sibi in posterum gentem firmaret, novos ritus
» contrariosque cæteris mortalibus indidit. Profana illic omnia, quæ apud nos sacra :
» rursum concessa apud illos, quæ nobis incesta....

» V.... apud ipsos fides obstinata misericordia in promptu, sed adversus omnes
» alios hostile odium. Separati epulis, discreti cubilibus, projectissima ad libidinem
» gens, alienarum concubitu abstinent.... »

Dix siècles après l'établissement des institutions de Moïse, Esdras en rappela les tendances hostiles, dans une prière dont le IXme chapitre du 1er des livres qui portent son nom nous a conservé les paroles. Je vous ai déjà dit qu'il a rompu les mariages contractés en violation de la loi mosaïque.

Après Esdras, les Pharisiens s'emparèrent de l'esprit du peuple. Bossuet fait ressortir la pesanteur du jong qu'ils finirent par imposer à cette malheureuse nation; et il continue ensuite en ces termes (15) : « A ces maux se joignit un plus grand mal,
» l'orgueil et la présomption, mais une présomption qui allait à
» s'attribuer à soi-même le don de Dieu. Les juifs, accoutumés
» à ses bienfaits et éclairés depuis tant de siècles de sa con-
» naissance, oublièrent que sa bonté seule les avait séparés des
» autres peuples, et regardèrent sa grâce comme une dette. Race
» élue et toujours bénie depuis 2000 ans, il se jugèrent les seuls
» dignes de connaître Dieu, et se crurent d'une autre espèce que
» les autres hommes qu'ils voyaient privés de sa connaissance.
» Sur ce fondement, ils regardèrent les gentils avec un insup-
» portable dédain. Etre sorti d'Abraham selon la chair leur pa-
» raissait une distinction qui les mettait naturellement au-dessus
» de tous les autres; et, enflés d'une si belle origine, ils se
» croyaient saints par nature et non par grâce : erreur qui dure
» encore parmi eux. »

« Les juifs (dit Basnage) regardaient autrefois *comme des chiens*
» tous ceux qui étaient hors de la communion de leur église, et
» on ne s'imaginait pas qu'ils pussent avoir quelque part aux
» privilèges du peuple de Dieu..... » (16).

Après avoir rapporté le supplice de 2000 insurgés juifs crucifiés par l'ordre du général Romain Varus, Döllinger ajoute (17) :

« 55..... Les juifs cependant étaient profondément convain-

(15) Discours sur l'histoire universelle. T. 1. p. 254. (Paris. stéréotype. 1817.)
(16) Basnage-Dupin. Ibidem. F. 4. p. 481.
(17) Döllinger *paganisme et judaïsme*. Bruxelles, Gocmaere, 1858. (Tom. 4. pp. 150 et 267).

» cus de leur supériorité, et se croyaient, en vertu de l'élection
» divine, appelés à dominer les autres peuples et à en recevoir
» des tributs..... combien n'était pas inférieur au Juif, ce Ro-
» main être immonde, dont le contact seul souillait le fidèle?
» Même en se faisant prosélyte, il ne se relevait pas entière-
» ment dans l'estime du Juif et ne pouvait nullement se comparer
» à un fils d'Abraham..... Là même où l'épée ne fut point
» tirée — là où, comme au milieu des gentils, les juifs sentirent
» leur impuissance et restèrent tranquilles, ils ne cachaient point
» leur orgueil. Au sein du monde payen, le juif était l'Ismaël
» du désert; il levait la main contre tous; tous levaient la main
» contre lui; on le regardait comme un ennemi de l'humanité,
» méprisant tout le monde et chargé de la haine universelle. »

« 222..... Les écrits des Rabbins conservent le souvenir d'une
» réunion de Scribes, tenue alors dans la maison d'Eleazar, chef
» des zélateurs. Les Schammaïtes, qui y prédominaient, firent
» décréter contre l'avis des Hillelites, que désormais aucun juif
» ne pouvait plus acheter des gentils ni vin, ni huile, ni pain, ni
» tout autre comestible. Il était défendu d'apprendre une langue
» payenne, d'ajouter foi au témoignage d'un gentil, d'accepter
» de lui des présents pour le temple et de converser avec la jeu-
» nesse payenne de l'un et de l'autre sexe..... »

Je n'en dirai pas davantage sur l'histoire ancienne; mais je
prie mon auditoire de remarquer que, pendant toute la période
que je viens de parcourir, l'isolement des juifs est un fait qui
provenait de leur volonté et non de celle des autres nations : ce
sont eux qui se sont isolés de tout le monde.

— Je suis curieux, dit Théodore, de savoir comment tu vas
nous prouver qu'il en est de même dans les temps modernes.

— Je n'ai pas dit que l'isolement moderne fût d'un caractère
aussi absolu que l'ancien. La situation des Israélites pendant
les 18 siècles qui viennent de s'écouler est si différente de ce
qu'elle fut antérieurement, et elle a d'ailleurs subi tant de varia-
tions suivant les temps et les lieux, que des différences assez

nombreuses ont dû se produire dans le degré d'importance qu'ils ont individuellement attaché à se tenir isolés du reste du genre humain.

Immédiatement après la destruction de leur dernier temple, après la ruine de leur culte religieux, de leur constitution nationale, une haine générale a dû exaspérer encore le sentiment de leur orgueil si profondément humilié. L'isolement a dû être aussi complet que jamais.

Mais peu à peu, cette haine orgueilleuse a perdu de son intensité; et l'on s'est montré, dans quelques lieux et à quelques époques, plus disposé à sortir de l'isolement. Des catégories entières de juifs ont fini par vivre à peu près comme tout le monde.

— Si tu vas nous faire l'histoire de ces diverses catégories, avec distinction des temps et des lieux, nous en avons pour longtemps, dit Victor.

— Mon intention est de ne parler que des seuls Israélites qu'on pourrait nommer, en style vulgaire, les juifs de la vieille roche; et de me renfermer, autant que possible, dans ce qui se passe de nos jours.

— Tu devrais bien nous dire à quels juifs notre discussion ne s'appliquera pas, fit observer Frédéric.

— J'écarte, d'abord, les Israélites qui exercent des fonctions administratives en dehors de leur communauté. On ne pourrait raisonnablement voir un partisan de l'isolement absolu dans un Israélite occupant, par exemple, le fauteuil du Lord-Maire de Londres.

J'écarte encore les Israélites qui, sans être au nombre de ces administrateurs, ne tiennent pas plus à l'isolement, que ceux-ci.

J'écarte les Israélites qui partagent les sentiments exprimés dans les passages suivants, que je lis dans divers écrits joints à la bible hebraïco-française de Mr Cahen :

« T. I. (1845). p. XII. L'école mythique, est selon nous une » branche détachée du Rationalisme. Cette methode, dont on » trouve une application si lumineuse dans le célèbre ouvrage de

» Strauss, consiste à considérer les faits surnaturels comme repré-
» sentant des événements, des dogmes, sous une forme mythique
» adaptée à des opinions, à des traditions populaires régnan-
» tes..... C'est cette doctrine que nous avons adoptée. » (18)

« T. II.. (1854) p. XXIII.... C'est le rationalisme qui, à la
» fin du 18me siècle, a sauvé l'Allemagne de la Philosophie des
» Voltaire, des Dupuis, etc., et qui maintenant est destiné à
» sauver le protestantisme en Allemagne du Mysticisme qui l'en-
» vahit. Les rédacteurs des *archives* (*du christianisme*) se plai-
» gnent que le rationalisme envahisse la synagogue : nous nous
» en félicitons, et nous sommes étonnés de l'esprit retrograde
» qui se manifeste dans l'Eglise protestante, tandis que l'Eglise
» catholique s'avance à grands pas vers son émancipation spi-
» rituelle; de voir des théologiens protestants, tels que Tholuk
» et son école, employer leur immense savoir pour favoriser et
» propager les égaréments d'un mysticisme déplorable, tandis
» que des théologiens catholiques, tels que Hermès, Zimmer,
» Lamennais et beaucoup d'autres, tâchent de mettre d'accord
» leur foi avec l'esprit du siècle, et de prouver que le catholi-
» cisme ne craint pas la lumière (19). La vraie foi en Allemagne
» est en danger : elle a à combattre d'un côté la philosophie
» nouvelle ou le panthéisme, et de l'autre côté le mysticisme;
» les deux ennemis se donnent la main, et le rationalisme seul
» peut sauver la foi.

(18) Ce que M. Cahen appelle ici la méthode ou la doctrine de Strauss a été
réfuté par Mgr Guillon (*Examen critique des doctrines de Gibbon, du Dr Strauss
et de M. Salvador*. Paris, Gosselin. 1842. T. I. p. 243 et seq.)

(19) Dans *la foi, le bon sens et les faits* (pp. 69 à 100) et dans la *Petite
Revue* (note 4), j'ai cité des autorités imposantes pour prouver *que le catholicisme
ne craint pas la lumière*. J'ignore comment MM. Hermès et Zimmer démontrent
cette vérité; mais je sais que les doctrines de Mr Lamennais ont été formellement
condamnées par le Pape, et que dès lors les véritables catholiques ne sont rien
moins que disposés à les prendre pour guides. Elles ont, au reste, été réfutées en
détail par Mgr Guillon (*Histoire de la nouvelle hérésie du XIXe siècle*. 3 vol. in-8°.
Bruxelles, 1835.)

» T. V. (1856). p. 58..... croyances superstitieuses, idiomes,
» traditions, mœurs, tout s'en va, meurt d'une agonie lente,
» comme tout ce qui a long-temps vécu ; nos neveux identifiés
» avec la nation française oublieront leurs ancêtres juifs, comme
» les Normands ont oublié les hommes du Nord, dont ils sont
» les descendants. »

« T. VII. (1856). p. 218..... qui d'entre nous pourrait encore
» regretter la dynastie Davidique, le sceptre de Juda, ou rêver le
» retour dans un pays mille fois moins agréable, moins fertile
» que notre belle patrie? Elle est aujourd'hui la terre bénie, la
» véritable terre de promission ; l'époque messianique date de
» notre émancipation ; quand cette émancipation sera générale,
» tout sera consommé, et les prédictions de nos prophètes seront
» entièrement accomplies. »

» T. VIII. (1856). p. 6..... cela tient à l'état de notre religion
» en France ; elle va sans cesse en s'affaiblissant, et sera rempla-
» cée, non par le christianisme, ce qui ne serait pas le pis, mais
» par le plus grossier matérialisme. Il est à craindre que bientôt
» on ne puisse définir le judaïsme une opération qui consiste à
» circoncire de futurs athées. Ce n'est pas d'aujourd'hui que je
» signale le mal, que j'indique le remède (A). Nous n'avons rien
» à attendre ni des consistoires ni des Rabbins ; s'ils avaient le
» pouvoir, Mr Cahen et son ouvrage seraient depuis longtemps
» démolis (B)... »

» T. IX. (1858) p. 10, en note.... Est-ce que de temps im-
» mémorial on n'a pas eu soin d'annoncer en tête des ouvrages

(A) Le mal est réel, cela est incontestable..... une réforme dans notre culte
est urgente ; c'est un cri qui retentit des bords de l'Elbe aux bords de la Seine
(n. de Mr Cahen).

(B)..... Si les consistoires, comme administrations n'ont rien fait pour mon
ouvrage, individuellement ils l'ont encouragé..... quant aux rabbins, je le con-
fesse, ils sont opposés à ma publication..... je dois pourtant excepter deux rabbins et deux grands rabbins (note du même).

» hébreux que le mot גוי (20) qui s'y trouve se rapporte aux
» païens et nullement aux nations parmi lesquelles nous vivons....
    » p. 69.... conservons toujours cette précieuse liberté ; fai-
» sons en usage comme nos prédécesseurs les thalmudistes. Ils
» ont complètement modifié le culte, établi une exégèse conforme
» à la position sociale, à la culture des Israëlites d'alors, imitons-
» les. Ils n'avaient pas le droit ni l'intention de nous enfermer
» dans un champ clos. Les haies dont ils ont entouré la *loi*
» étaient bien calculées pour une population asiatique, par con-
» séquent très-impropres pour une population française.... Re-
» nonçons franchement aux prétentions mesquines de notre
» asiatique égoïsme. Notre ancienne dévise était :
        » Tous les enfants d'Israël sont frères.
    » La dévise actuelle doit être :
        » Tous les enfants d'Adam sont frères.
        » ..... La fraternité universelle doit entrer dans la vie intime,
» dans le culte domestique et public. Bannissons à jamais les pro-

(20) **G·-ô̄v-y**. Les pluriels de ce mot sont **G·-ô̄v-yi-m** et **G·-ô̄v-yê-y**
Cet avertissement parait n'être pris au sérieux, ni par les chrétiens, ni par les
Israëlites eux-mêmes.

Le chanoine Marcus Marinus assure que les juifs désignent communément par
la dénomination dont il s'agit *quemlibet a lege mosaïca diversum* (Arca Noë T. 1.
f⁰ 95 verso. Vénise 1593).

Leigh écrit : « Les juifs se servent du mot *Gojim* (que nous appelons *les nations*)
pour marquer tous ceux qui ne sont pas de leur nation. » (*Dictionnaire* de la langue
sainte, traduction de Wolzogue, Amsterdam 1703. page 101).

Gesenius dit, qu'en style rabbinique, la dénomination signifie *Nichtjude, Heide,
Christ*. (Hebräisches und Caldäisches Handwörterbuch, Leipzig 1863, p. 165ª).

Pour peu qu'on ait eu des relations suivies avec le commun des juifs, on ne peut
guères ignorer qu'ils appliquent le mot, comme Gesenius, aux *Non-juifs* aux
Payens, aux *Chrétiens*.

Enfin, les littérateurs israëlites semblent se conduire en cela comme la masse ;
car je lis dans l'ouvrage même de Mr Cahen : « Je ne sais si les Tanaïm auraient
» consenti à recevoir le prix de leur Torah, à se faire rémunérer par un gouver-
» nement *goi;* nos grands Rabbins ne font pas la moindre difficulté à se conformer
» en ceci à l'esprit du siècle, et ils font bien. » (Bible hebraïco-française. T. III.
(1855). p. 42).

Voir encore Rupert, qui cite le rabbin Maimonide. (*L'Eglise et le Synagogue.*
pp. 59 à 62).

» hibitions odieuses, les prescriptions haineuses, les récrimina-
» tions et imprécations horribles contre des ombres, contre des
» peuples qui ont disparu de la scène du monde, imprécations
» qui nous donnent l'apparence de vautours attachés à des cada-
» vres ; l'apparence de couver dans notre sein la plus détestable
» des passions, le désir de la vengeance. »

J'écarte enfin de la discussion qui va s'ouvrir : les athées, les
matérialistes, les panthéistes ; en un mot les incrédules circoncis, quelle que soit l'école à laquelle ils appartiennent.

Tous ceux dont je viens de parler sont, à mes yeux, en dehors
de la masse israélite dont je m'occupe en ce moment.

— Après tant d'éliminations, la masse qui te reste ne sera
pas bien considérable, dit Théodore.

— Erreur, mon cher. Elle se compose de plusieurs millions
d'individus de la génération actuelle ; et elle était, je pense, plus
nombreuse encore dans chacune des générations qui ont précédé
celle-ci pendant 18 siècles.

— Pour la régularité de nos travaux, dit Victor, je crois
devoir inviter les orateurs à ne point perdre de vue que les catégories juives énumérées par Muril, sont formellement hors de
cause, pendant toute la soirée. La parole est continuée à Muril ;
le silence est accordé à Théodore.

— Après avoir fait remarquer, qu'en France, les anciennes
diversités de races se sont effacées ; que les Celtes, les Romains, les Germains se sont fondus ensemble pour former un
seul peuple, Théophile Hallez s'écrie (21) : « Seule la race juive
» est restée constamment réfractaire à cette force d'assimilation
» qui entraînait la nation ; seule elle a persisté dans son opiniâtre
» isolement..... Tous ceux qui ont été à même d'étudier l'état
» des juifs dans les provinces où leur nombre donne à l'obser-
» vateur des facilités qui lui manquent ailleurs ; tous ceux, par
» exemple, qui ont pu approcher des juifs d'Alsace, savent par-

(21) *Des juifs en France*. (Paris, 1845. Introduction. pp. III, IV, XII).

» faitement qu'ils sont restés non-seulement étrangers, mais
» hostiles à la masse de la population; qu'ils ont conservé purs
» et sans mélange leur caractère et leurs mœurs, aussi bien que
» leur physionomie. Dans l'ordre moral comme dans l'ordre
» physique, les juifs sont demeurés identiques à eux-mêmes de-
» puis des milliers d'années, et il est facile de les reconnaître à
» leurs actes comme aux traits de leurs visage...... Est-il vrai
» que les Israélites se considèrent toujours comme un peuple
» distinct, exilé pour un temps indéfini au milieu de nations im-
» pies? Est-il vrai que, pour eux, un français chrétien est tou-
» jours un étranger, un *Philistin*, et qu'un juif d'Allemagne ou
» de Russie est considéré par eux comme un compatriote et un
» frère? est-il vrai, enfin, que c'est des juifs eux-mêmes que part
» le plus grand obstacle à leur fusion avec le reste de la nation?
» Telle est la question que nous soumettons à tous les hommes
» sincères, et leur réponse ne saurait être douteuse. »

— Hallez ne parle que des juifs français, dit Théodore.

— Je pourrais te lire bon nombre de passages d'auteurs chrétiens qui s'occupent des juifs en général : mais je me bornerai
à quelques lignes de Basnage, de Depping et de Döllinger (22).

« Quelques Rabbins (dit Basnage) continuent à damner sans
» miséricorde toutes les nations; mais les autres plus humains
» sauvent les étrangers qui ont quelque connaissance et quelque
» principe de Religion. Ils disent que la loi a été donnée dans un
» lieu ouvert de toutes parts comme *le désert,* afin d'apprendre
» que tous les peuples de la terre pouvaient participer à ses
» avantages, quoiqu'ils appartinssent particulièrement au peuple
» juif, pour lequel elle avait été donnée. Ils se servent de la
» comparaison d'un chien à qui Dieu fit trouver un cadavre pour
» le récompenser de ce qu'il n'avait point aboyé contre un juif;

---

(22) Basnage-Dupin. Ibidem. L. 6. ch. 29. N. 7; L. 9. ch. 3. N. 12.
Depping. *Les juifs dans le moyen-âge.* p. 63. (Bruxelles 1844. Wouters. Cᵉ).
Döllinger. *Paganisme et Judaïsme.* Liv. X. N. 232. (T. IV. p. 277.)

» et (A) ils insinuent par là que ceux qui ont de la charité pour
» la nation, auront quelque petite part à la récompense de l'autre
» vie...... La manière dont ils (les auteurs du Talmud) veulent
» qu'on traite les chrétiens, est dure et cruelle : car ils permet-
» tent qu'on vole leur bien, qu'on les regarde comme des bêtes
» brutes, qu'on les pousse dans le précipice si on le voit sur le
» bord, qu'on les tue impunément, et qu'on fasse tous les matins
» de terribles imprécations contre eux. »

» On est fâché (dit Depping) de retrouver dans les ouvrages
» de Maimonides la haine des juifs pour ceux qui pratiquent une
» autre religion. Non-seulement il permet de les tromper, mais
» il s'oublie jusqu'à exprimer sa conviction qu'il faut exterminer
» les traitres, les épicuriens, les hérétiques.... De pareilles
» maximes, il est vrai, souillent aussi le Thalmud, mais pour un
» esprit supérieur tel que Maimonides était-ce une raison de les
» adopter?

» Les nationalités brisées (dit Döllinger) sont ordinairement
» absorbées par la race victorieuse; mais les juifs n'eurent pas
» le même sort; race impérissable, isolée sans mélange, ils de-
» vaient servir de spectacle au monde et d'instrument aux des-
» seins ultérieurs de la Providence. »

— Les ouvrages dont tu viens de lire quelques passages ne sont
pas d'hier; et rien ne me prouve qu'aujourd'hui les juifs étrangers à la France persistent à vouloir demeurer dans l'isolement.

— Puisqu'il te faut des preuves qui datent d'hier, je vais te
lire un article du *Moniteur belge* du 24 et 25 juin 1867 (23).
Écoute :

« La *Gazette de Moscou* publie une circulaire du Gouverneur
» général de Volhynie, d'après laquelle il est sévèrement défendu
» aux juifs de porter des vêtements différents de ceux des au-
» tres habitants.

» Le costume national juif, qui se compose d'un justaucorps

(A) Menasse conciliat. in Deut. Q. II. p. 221. (Note de Basnage).
(23) Page 5419. 1re colonne. (Voir la note 11 ci-dessus).

» de soie noire, de pantoufles, d'une ceinture noire et d'une
» calotte, contribue beaucoup, d'après la circulaire du gouver-
» neur, à entretenir chez les israélites un sentiment d'individua-
» lité nationale, et les éloigne tellement de leur patrie, la Russie,
» qu'ils se considèrent eux-mêmes comme étrangers.

» Ce costume contribue également à développer le fanatisme
» religieux. En conséquence, il est prescrit à la police de veiller
» à ce que les juifs s'habillent de la même manière que les chré-
» tiens, d'arrêter ceux qui s'obstineront à porter les anciens
» costumes, et à leur infliger une amende pécuniaire conformé-
» ment à la loi. »

— Je voudrais bien entendre, sur cette manière, quelques lignes d'un auteur juif.

— Écoute donc ce qu'un savant Israélite a écrit dans une note recueillie par Mr Cahen (24).

« ..... La vanité nationale a pénétré dans toute la vie intime
» de l'Israélite, elle est encore la base fondamentale de notre
» liturgie, qui respire et inspire partout un grand amour pour
» nous-mêmes, et un superbe dédain, et souvent des sentiments
» moins bienveillants encore, pour les autres ; ce qui est fort
» naturel, car nos prières ont été composées dans des siècles
» d'oppression et de persécutions. »

— Je ne veux pas qu'on puisse me reprocher d'être par trop difficile ; et je laisserai passer le mot *Phénomène*; mais je ne puis cependant y voir un exemple unique. Il y a eu, mon cher, un peu partout, et il y a encore dans plusieurs pays, des populations errantes qui demeurent dans un isolement complet sous les noms des *Bohémiens*, de *Gypsies*, de *Gitanos*, de *Cingari*. Voilà donc d'autres *Phénomènes* qui viennent s'ajouter au tien et lui enlever ce caractère d'exemple unique, auquel tu parais attacher une si grande importance.

— Depping met, lui aussi, mais sous le rapport de la disper-

(24) Bible hébraïco-française. T. IX. (1838) p. 66.

sion seulement, les enfants d'Israël en parallèle avec les Bohémiens et de plus avec le race nègre qui, dit-il, s'est repandue jusques dans le mer du sud (25)....

— Je te fais grâce des nègres. Je ne pense pas qu'il en existe une seule communauté dans toute l'Europe. Quant à ceux qui habitent l'Afrique et l'île de Haïti, il n'en peut être question ici, car ils y sont sur leurs territoires respectifs et réunis en divers corps de nation. Enfin, nous ignorons trop complètement la situation de quelques nègres répandus dans les îles de la mer du Sud, pour pouvoir les comparer aux juifs dispersés sur le globe entier.

— D'ailleurs ces nègres, bien loin de former une famille, sont probablement originaires de pays différents, et ne sont ainsi liés entre eux, ni par une histoire commune, pour le passé, ni par un culte commun, pour le présent, ni par un même esprit de retour, pour l'avenir. Ils ne peuvent être comparés aux juifs que sous le rapport de la dispersion; et encore cette dispersion n'a-t-elle pas l'extension de celle des Israëlites.

— Parle nous des Bohémiens.

— Pour peu qu'on le désire, je donnerai lecture de quelques passages de *La science pour tous*, de l'*Encyclopédie méthodique*, des *Fastes* de Buret et du *Cunnningham's Law Dictionary* (26); et, cette lecture faite, vous en saurez tous autant que moi.

— Dis-nous plutôt sommairement ce qui te semble résulter de ces passages.

— Voici le résultat que j'en déduis :

Vers la fin du XIVme siècle, les conquêtes de Tamerlan occasionnèrent l'émigration d'une foule de peuplades asiatiques. Selon Mr Lacomme, dont Mr Nourrisson reproduit les paroles dans *La Science pour tous*, « de nombreuses hordes auraient

(25) Depping. Ibidem. p. 8.
(26) *La Science pour tous* 1865. Livraisons 13 et 14. pp. 97 et 105.
Encyclop. méthod. JURISPRUDENCE. Article *Bohémiens*.
Fastes universels. Année 1520. (p. 198. col. 8. Bruxelles 1822.)
Cunningham's Law Dictionary. Article EGYPTIANS. (London 1765).

» laissé derrière elles, comme une traînée de familles détachées.
» Les Tzingaris auraient terminé leurs courses, les uns en Russie,
» les autres dans l'Asie mineure, une seconde colonne aurait
» passé du Kandahar dans le Seguistan, le Farsistan, l'Irak-
» Arabi, et une troisième aurait parcouru la Syrie, la Palestine
» et l'Arabie petrée et serait venue en Égypte par l'isthme de
» Suez et de là dans la Mauritanie. Enfin, l'une des bandes se
» serait embarquée dans l'un des ports de l'Hindostan et serait
» venue en Malaisie. »

C'est probablement de la colonne égyptienne que se sont détachées, les bandes venues en Europe. Mais, à chacun de ces
groupes asiatiques, il s'est joint ensuite bon nombre de vagabonds des divers pays que les hordes parcouraient ; de manière
à produire, par un mélange confus, des communautés errantes,
constamment plongées dans la barbarie, même au sein de la
civilisation européenne, vivant partout de jongleries et de rapine,
aux dépens de la masse crédule du petit peuple.

— Assez, Muril. On peut ne pas éprouver une sympathie bien
vive pour la masse des juifs ; mais ils ne faut cependant pas leur
faire l'injure de les comparer à des vagabonds de cette espèce.

— La saine raison nous défend, en effet, de comparer des
réunions d'individus qui n'ont, comme on dit vulgairement, ni
feu, ni lieu, ni foi, ni loi, à cette race antique, remarquable
par une histoire écrite dans la plus ancienne des langues con-
nues, par une nationalité bien constatée et par une religion qui
nous a jadis apporté le monothéisme, à travers vingt siècles
d'idolatrie.

— Gustave prit alors la parole pour donner son assentiment
à la thèse de Muril. Quant à moi, dit-il, j'admets que les juifs
forment une famille dans toute l'acception du mot ; j'admets encore qu'un isolement qui a résisté à tant de siècles de dispersion,
malgré l'état de civilisation de cette famille, est un véritable
phénomène ; et j'admets, enfin, que ce phénomène est unique.
Mais, plus, le fait nous semble extraordinaire ; plus il est inté-

ressant d'en connaître les causes. Jusqu'ici, je n'en vois pas d'autres que l'orgueil et la haine.

— Michel Nicolas pense (27) que cet étonnant phénomène historique est une conséquence des travaux des écoles pharisaïques. Mais cette opinion me paraît insoutenable, en présence de l'isolement des juifs caraïtes, qui n'ont jamais voulu subir le joug des pharisiens et se sont constamment éloignés des communautés qui l'avaient accepté (28).

Quant à l'orgueil et à la haine, ces passions ont certainement contribué à rendre l'isolement plus complet et plus durable; mais elles ne sont pas nées spontanément dans le cœur des Israélites; elles ont eu elles-mêmes une cause première, dont elles ne sont qu'une conséquence; mais une conséquence outrée jusqu'à la déraison.

— Et quelle est cette cause première, selon tes croyances? demanda Théodore.

— L'isolement phénoménal des Israélites est, à mes yeux, une des exigences du rôle providentiel qu'ils ont eu à remplir dans le monde; rôle plus phénoménal encore que l'isolement lui-même.

(27) *Doctrines religieuses des juifs*. (Paris 1860). pp. 78 à 80, 388.
(28) Basnage-Dupin. Ibidem. Liv. IX. Chap. 1. No 22. et Chap. 2. No 19.

CHAPITRE II.

—

DESTINATION.

A. D. M.

2085. Il est dit au patriarche Abram : TOUS LES PEUPLES DE LA TERRE SERONT BÉNIS EN VOUS.

2514. Cette grande promesse est écrite par Moïse, en vieux caractères hébreux.

3551. Elle est reproduite par Esdras, en caractères Hébraïco-Babyloniens.

3727. Elle est inserée dans la version grecque des LXX.

4004. L'accomplissement de cette promesse commence, à l'égard des gentils, à la naissance de JÉSUS-CHRIST, pour continuer ensuite indéfiniment par la conversion de tous les peuples au CHRISTIANISME.

— Prends garde, Muril! dit en ce moment Victor. Nous parler du rôle providentiel des juifs, n'est-ce pas dogmatiser? un pas de plus te fait tomber dans le spirituel; et, tu le sais, nos oreilles ne sont pas faites à ce langage : ne prends donc pas les allures d'un prédicateur, si tu veux être écouté.

— C'est Théodore qui m'a conduit sur ce terrain. Il s'est adressé à ma foi; et ma foi lui a répondu. Ne crains pas, au reste, que je veuille m'ériger en prédicateur sans mission; je ne suis et je ne veux être qu'un humble confesseur, s'efforçant de repousser de son mieux les attaques de l'incrédulité (29).

— D'après cette déclaration, la marche à suivre dans nos débats doit être celle-ci : Quand Muril nous expliquera ses

(29) Voir *La foi etc.* pp. 8 et 9.

croyances, chacun de nous pourra les attaquer; et Muril combattra nos objections en y opposant autre chose que des dogmes.

— Rien de plus que le bons sens et les faits.

— Tu as la parole pour nous expliquer ce rôle providentiel dont tu crois que les juifs ont été chargés.

— Par suite de circonstances dont je parlerai lors de la discussion des prophéties Messianiques, le genre humain était tombé.....

— Histoire de la pomme d'Eve, dit Théodore en souriant.

— Oui, mon cher; mais tu as bien tort d'en rire. La chose est plus sérieuse que tu ne le penses.

Par suite donc des circonstances auxquelles Théodore veut faire allusion, quand il jette la *pomme d'Eve* au milieu de nous, le genre humain était tombé extrêmement bas. En morale, il était dominé par les passions les plus brutales (30); en religion,

(30) Le premier enfant de la première des femmes fut déjà un lâche fratricide. Comme tel, il fut condamné à être fugitif et vagabond sur la terre et dût abandonner l'agriculture à laquelle il s'était adonné jusques-là. Son fils Henoch, qui ne l'accompagna point dans sa course vagabonde, fut la souche d'une branche de Caïnites dont la bible nous donne une généalogie spéciale, remarquable en ceci, qu'à la 6me génération à partir de Caïn, nous y voyons figurer Tubal-Caïn *qui fut habile en toutes sortes d'ouvrages d'airain et de fer*. Mais, à cette époque, Caïn lui-même était déjà bien loin; peut-être même n'existait-il plus. Il est donc probable que l'usage des métaux lui fut inconnu, et que les descendants qu'il éparpilla sur divers points de la terre n'en firent non plus aucun usage.

Quoi qu'il en soit, l'histoire ne nous apprend rien au sujet de ces descendants-là. Mais la science en a tout récemment retrouvé des traces en Belgique, dans les cavernes qui bordent la Lesse; cette rivière si pittoresque de la province de Namur. Telle est du moins l'opinion que je me suis formée à la lecture de trois rapports adressés, dans le courant de 1865, par Mr Dupont au ministre de l'intérieur. (*Moniteur belge* du 24 Janvier 1865, p. 374; du 30 Mai, p. 2752; et du 21 Décembre, p. 6500.

Je lis dans le premier de ces rapports, au sujet de la grotte du *Frontal* élevée de 40 mètres au-dessus de l'étiage de la Lesse, de plus de 100 mètres au-dessus du niveau de la mer : « le 26 Décembre (1864) six savants étaient présents. Un » nombre considérable d'ossements furent encore retirés de la caverne, et chacun » put s'édifier sur leur haute antiquité et sur la cause qui les avait mis dans cet » état de désordre. Il fut, en effet, admis unanimement que ces squelettes remon- » taient à l'époque où l'homme, ignorant la fabrication des métaux, ne se servait

il se laissait égarer par les croyances les plus extravagantes. Du temps d'Abraham qui vivait il y a plus de 37 siècles, tous les peuples avaient, à peu d'exception près, embrassé des religions polythéistes. Ils adoraient : soit des Divinités imaginaires, supposées non moins brutalement passionnées qu'eux-mêmes; soit des fétiches fournis par le hasard; soit des idoles sorties de leurs mains ; soit les astres qu'ils voyaient briller au-dessus de leurs têtes. Il étaient passionnément attachés à ce *Polythéisme*, qui s'harmonisait parfaitement avec leur dégradation morale, et dont l'attrait séducteur n'a que trop souvent exercé sa pernicieuse influence sur la postérité même d'Abraham. D'après le cours naturel des choses, le *Monothéisme* aurait fini par disparaitre complètement ; tandis qu'il s'est opéré un mouvement en sens contraire; bien circonscrit, dans le principe, mais s'étendant successivement de plus en plus, et finissant par amener le triomphe de la vérité et de la morale, sur l'erreur et sur l'immoralité.

Est-ce au hasard, est-ce à la Providence, que le bon sens doit attribuer cet étrange revirement?

— Il faudrait bien, dit Frédéric, nous expliquer la signification que tu attaches au mot *Monothéisme* : car le sens m'en semble

---

» encore que d'instruments en pierres, et qu'ils avaient été mélangés à des pierres » et à des terres par une grande inondation. Les ossements humains recueillis dans » le trou du Frontal se rapportent à non moins de 13 individus de tout âge, il y » en a quelques-uns appartenant à des enfants d'un an à peine. »

Le 3me rapport est curieux à un autre titre ; et voici les conjectures que je me permets de baser sur les faits qu'il constate : une masse calcaire considérable, détachée de la voute, doit avoir couvert le sol de la grotte de Chaleux, d'un amas de pierres de 3 mètres de hauteur ; mettant pour ainsi dire sous le scellé tout ce que ce sol pouvait renfermer. Sur cet immense scellé naturel, le déluge en est ensuite venu apposer un second de nature argilleuse ; et les choses sont demeurées en cet état jusqu'en 1865, quand Mr Dupont a levé ces scellés, en écartant le limon diluvien et les pierres sous-jacentes. Alors le savant explorateur a découvert un vaste foyer marqué par des cendres, des charbons et de la terre brûlée s'étendant au milieu de la grotte, sur une surface de non moins d'un mètre et demi ; puis, des ossements d'animaux calcinés, plus de 30,000 silex taillés, 957 dents molaires de chevaux, des bois de rennes ingénieusement travaillés, etc., etc.. mais pas le moindre vestige d'un métal quelconque.

un peu vague. Les Juifs et les Chrétiens ne sont pas les seuls *monothéistes*; les Musulmans et les Déistes n'admettent pas non plus la pluralité des Dieux.

— Ton observation est juste, mon cher; mais il me sera facile de faire disparaître le défaut que tu me signales.

J'appellerai *Monothéisme musulman*, la religion des Mahométans. Comme j'ai déjà eu l'occasion de le dire (31), ce n'est qu'une imitation temporaire, aussi grossière que sensuelle du Mosaïsme et du christianisme (32) :

J'appellerai *Monothéisme Talmudique*, la religion des sectateurs du Talmud, c'est-à-dire de presque tous les juifs modernes. Je te montrerai, ce soir encore, qu'elle n'est qu'une dérivation corrompue du Mosaïsme.

Je désignerai par l'expression *Monothéisme-spéculatif*, les opinions des Déistes de n'importe quelle école : bien qu'aucun de leurs systèmes ne mérite le titre de religion.

Enfin je réserverai le mot *Monothéisme* sans addition modificative pour la VÉRITABLE RELIGION, objet de la foi d'Adam, d'Abel, de Noë, de Melchisedech, d'Abraham, d'Isaac, de Jacob; religion qui s'est développée, dans la suite des siècles : d'abord en *Mosaïsme* à caractère national et transitoire; et plus tard (à l'époque déterminée dans les prophéties) en *Christianisme*, à caractère universel et perpétuel.

— Si le triomphe du Monothéisme et de la morale était un acte providentiel, comme tu le crois, dit Théodore, il se serait produit d'une manière bien simple. Il aurait suffi que Dieu inspirât des sentiments plus moraux et des croyances plus raisonnables à tous les peuples égarés.

— Qu'il me soit permis de croire que Dieu préféra prendre une voie moins contraire au libre arbitre dont il avait doté le

----

(31) *La foi, le bon sens et les faits.* p. 349.

(32) Tout corrompu qu'il est, le *Monothéisme musulman* est moins abrutissant que le *Paganisme*. Qu'on songe à ce que sont les Mahométans parmi les payens de l'Afrique et de l'Indostan !

genre humain ; de croire qu'il voulait être adoré librement par des hommes convaincus, et non pas forcément par des espèces de machines vivantes, douées d'intelligence, mais dominées par une impulsion irrésistible.

Pour faire sortir le genre humain du gouffre dans lequel il était tombé et d'où nul secours humain ne pouvait le retirer ; pour lui donner une force morale capable de lutter contre ses passions et d'en triompher ; pour faire briller la vérité religieuse chez toutes les nations et les soustraire à d'extravagantes erreurs ; ce n'est point à l'oppression du libre arbitre que la Providence a eu recours ; mais à l'intervention d'un MESSIE, dont la vie, les œuvres et la mort ont amené la transformation ou rénovation du genre humain, tant au point de vue de ses intérêts spirituels, dont je ne parlerai pas, qu'au point de vue du culte religieux et de la morale.

Ce MESSIE est né dans une famille qui avait conservé la foi monothéiste, pendant une longue série de siècles, bien qu'entourée de nations polythéistes.

Est-ce au hasard ou à la Providence, que le bon sens doit attribuer ces faits ?

— Tant que tu te tiens dans ces généralités, il n'y a guères moyen de te répondre.

— Puisqu'il te faut des détails, j'ouvre la Bible et je lis :

« GENESE. Chap. XII, ỳ. I. Le Seigneur dit ensuite à Abram : » sortez de votre pays, de votre parenté, et de la maison de » votre père, et venez en la terre que je vous montrerai.

Cet ordre, qu'on appelle communément la *vocation d'Abraham*, fut exécuté par le Patriarche (33).

_____

(33) L'histoire d'Abraham et les promesses faites à ce Patriarche ont été l'objet de nombreuses critiques de la part de Voltaire. L'abbé Guénée y a répondu avec autant de bon sens que d'esprit (*Lettres de quelques juifs*. T. 2, pp. 98 à 162 et 241 à 255. Lyon 1831). Le professeur Bullet (*Réponses critiques*. T. 1. pp. 146 à 196. Paris 1826), et l'abbé Duclot (*La Sainte Bible vengée*. T. II. pp. 117 à 220. Lyon 1824) ont aussi refuté ces critiques et d'autres encore ; parmi lesquelles,

Vingt cinq ans après cette vocation, Sara femme du centenaire Abraham, parvenue elle-même à l'âge de 90 ans, donna le jour à Isaac ; et, 60 ans plus tard, celui-ci devint père de Jacob, qui reçut le surnom d'Israël et fut la souche spéciale de la famille Israëlite ; famille que je crois avoir été formée, protégée et conservée tout exprès en vue du maintien du monothéisme sur la terre (34) ; famille privilégiée, qui devait enfanter le Messie et dans laquelle il est effectivement né, d'après les chrétiens, ou doit naître encore, suivant l'attente des Israëlites.

— *Attendez moi sous l'orme !* fredonna Théodore. Reste à voir si les chrétiens, qui croient avoir trouvé un Messie dans les temps passés, sont plus raisonnables que les juifs qui en attendent un des siècles futurs.

— La suite de notre discussion pourra te servir de réponse.

La vocation d'Abraham fut, non-seulement le point de départ d'une famille nouvelle, mais encore le premier acte de la séparation bien tranchée qui allait s'établir entre elle et les autres familles de la terre ; séparation que la raison la plus ombrageuse est forcée de considérer comme un moyen très-naturel de conserver le monothéisme.

Vingt quatre ans plus tard, l'isolement fut renforcé d'une barrière nouvelle, par la circoncision, introduite sur l'ordre de Dieu comme signe extérieur d'un pacte conclu avec Abraham.

Deux siècles après la mort de Jacob, Moïse promulgua la loi écrite, qui a servi de code religieux, de code politique et de code civil à toute la famille juive. Cette loi rendit l'isolement de celle-ci plus complet qu'il ne l'avait été jusques-là.

Pendant un millier d'années, la loi Mosaïque fut alternativement violée et remise en pleine vigueur. A la suite de ces chutes

on en trouve qui sont tellement insoutenables que le dernier de ces auteurs s'est écrié : « Quand on écrit de si révoltantes absurdités, il faut qu'on se flatte de bien » connaître ses lecteurs, et qu'on soit bien imbu de ce principe que quand on a de » l'esprit on peut sans scrupule se moquer des sots. » (p. 123.)

(34) DEUTERONOME. IV. 32 à 35.

et de ces restaurations, Esdras rétablit à la fois et le culte Mosaïque et l'isolement dans toute sa rigueur.

Trois siècles n'étaient pas encore écoulés depuis la restauration d'Esdras, lorsqu'une partie du peuple juif tenta d'opérer une fusion entre ce peuple et les sujets greco-syriens d'Antiochus-Epiphanes. Cette tentative fut d'abord couronnée de succès; mais, après une lutte des plus opiniâtres, la nation juive se trouva de nouveau constituée à l'état d'isolement, sous le sceptre du Prince Asmonéen Simon, fidèle observateur de la loi Mosaïque.

Est-ce au hasard, est-ce à la Providence, que le bon sens doit attribuer l'enchaînement de ces événements historiques?

Depuis la restauration asmonéenne jusqu'à la naissance du Christ, l'isolement devint de plus en plus empreint d'orgueil et de haine, du moins chez la majorité des juifs; et c'est en nourrissant ces sentiments hostiles, qu'on est insensiblement arrivé à l'époque d'une révolution complète. L'isolement établi depuis tant de siècles, maintenu avec tant d'opiniâtreté, appuyé sur des faits historiques si nombreux et si frappants; cet isolement, que rien ne semblait pouvoir affaiblir, s'est évanoui à la voix du Christ (35), pour faire place à une fusion générale de tous les peuples fraternisant dans le monothéisme, fortement empreint désormais de charité envers tous, d'égalité pour tous, de moralité dans tous.

Est-ce au hasard, est-ce à la Providence, que le bon sens doit attribuer cette étonnante révolution?

— Mais l'isolement ne disparut pas complètement : tu nous as fait voir toi-même qu'il fut maintenu, dans le temps, avec plus de passion que jamais; et, qu'aujourd'hui même, la masse des juifs y tient encore.

— J'allais précisément terminer mon exposé, par l'observation que la partie la plus orgueilleuse, la plus haineuse du peuple juif repoussa le Christianisme et se maintint obstinément dans un

<hr>

(35) St Mathieu. XXVIII. 19. — St Marc. XVI. 15. — St Luc. XXIV. 47.

état d'isolement, qui cessait d'avoir sa raison d'être; isolement, qui devint même de la déraison manifeste, lorsqu'un peu plus tard le paganisme disparut définitivement du sol romain. Mais, chose remarquable, cette obstination, qui s'est perpétuée ensuite chez les descendants des premiers ennemis du Christianisme, était prédite depuis des milliers d'années.

Est-ce au hasard, est-ce à la Providence, qu'il faut attribuer ces antiques prédictions?

— D'après tout ce que je viens d'entendre, tu crois que la famille juive était destinée à donner le jour à un Messie; mais je me demande si, par hasard, ce Messie ne serait pas un personnage chimérique inventé par les juifs modernes, dont l'orgueil parait être si démésuré.

— Non, mon cher; bien certainement non (36).

Avant qu'il y eût des juifs modernes; avant qu'il existât un seul enfant d'Israël et même un seul enfant d'Abraham, la promesse suivante a été faite à ce Patriarche :

« GÉNÈSE. XII. 3. Je bénirai ceux qui vous béniront et je mau-
» dirai ceux qui vous maudiront et TOUS LES PEUPLES DE LA TERRE
» SERONT BÉNIS EN VOUS. »

Quelques années après la naissance d'Isaac, cette promesse d'une bénédiction générale fut renouvelée au Patriarche Abraham, en termes plus explicites (GEN. XXII. 18).

A la suite de S¹ Paul, les chrétiens appliquent cette prophétie à Jésus-Christ.

D'un autre côté, Duclot nous assure que « tous les anciens » juifs attribuaient cette prophétie au Messie. » Et à l'appui de cette assertion, l'auteur cite la *Démonstration évangélique* du savant Huet (Prop. VII. N° 7).

— Qu'en disent les juifs modernes?

---

(36) Voir à ce sujet :
S¹ PAUL. *Epitre aux Galates.* Chap. 3. ŷ. 16.
Menochius. Notes sur ce verset et sur GEN. XII. 3 et XXII. 18.
Duclot. La S¹ᵉ *Bible vengée.* T. V. p. 38 à 41.

— Je puis d'autant moins répondre à cette question, que les Israélites sont en désaccord sur la manière de traduire le texte hébreu de GEN. XII. 3.

La version grecque de LXX, la version espagnole de Kimchi et la traduction française de Mr Cahen sont en harmonie avec celle des chrétiens. La première porte : Καὶ ἐνευλογηθήσονται ἐν σοὶ πᾶσαι αἱ φυλαὶ τῆς γῆς; la seconde : y seran benditos en ti todos linages de la tierra; la troisième : *et toutes les familles de la terre seront bénies en toi.*

Une note de l'institut biblique israélite (37) sur ce verset nous apprend que Raschi, Philippson et Bunsen traduisent aussi, de leur côté : in dir werden gesegnet werden (en toi seront bénies).

— Au lieu d'un désaccord, c'est de la concordance !

— Un instant, mon cher; la scène va changer.

Mr Cahen, tout en traduisant notre verset comme les chrétiens et comme ses prédécesseurs, nous dit, en note, que le *Biour* (de Mendelsohn) traduit ici : « *seront bénis par toi,* par ton » mérite je les bénirai » et qu'ailleurs, où la forme de la conjugaison est quelque peu différente, il rend la grande promesse par : « *ils se béniront* par toi, en disant : puissions-nous être » comme Abraham ! »

L'Institut biblique s'est associé à cette nouveauté, en traduisant : und mit dir werden sich segnen alle Geschlechter des Erdreichs. (et par toi se béniront toutes les familles de la terre).

Lors de la discussion des prophéties messianiques, je critiquerai, sous plus d'un rapport, tant l'exégèse de Mendelsohn que la traduction allemande de l'institut. Je ne veux leur opposer, en ce moment, qu'une simple observation historique.

Si l'on fait abstraction des chrétiens (qui ne peuvent, aux yeux de Mendelsohn et des Rabbins de l'institut, se trouver bénis d'aucune façon), il n'y a pas, dans toute l'histoire, la moindre trace d'un peuple étranger à la famille juive, qui aurait

(37) Bible Hébraïco-allemande de *l'israélitische Bibelanstalt.* (Leipzig. 1863). Voir la *Petite Revue.* pp. 34 et 35.

jamais reçu de bénédiction quelconque à cause des mérites d'Abraham ou qui se serait béni par Abraham, ou par Isaac ou par Jacob.

— L'avenir reste ouvert pour Mendelsohn et pour l'institut!

— On peut, en effet, leur abandonner le règne futur du Messie attendu par les juifs; règne, dont je dirai tout-à-l'heure quelques mots.

— En attendant, je me range de ton côté, contre les Rabbins de l'institut et contre Mendelsohn. Mais je voudrais bien savoir si la Bible te dit, d'une manière précise, par quelle voie la grande promesse a été faite.

— L'Ecriture nous parle tantôt d'un ange qui communique la promesse d'une bénédiction générale au patriarche Abraham; tantôt d'un songe dans lequel cette grande promesse est renouvelée à Jacob; mais tantôt aussi la Bible ne dit pas, d'une manière précise, par quelle voie la communication a eu lieu.

— Pour ma part, j'admettrai autant de rêves et de rêveurs que tu voudras; mais quant aux anges, aux démons, aux esprits, aux créatures incorporelles en général, c'est autre chose : L'existence m'en paraît tout-à-fait improbable aux yeux de la raison.

— Autrefois, mon cher, tu trouvais mes croyances triplement absurdes, et je t'ai démontré qu'elles ne l'étaient pas (38). Aujourd'hui tu te contentes de m'opposer une improbabilité; et je vais te faire comprendre que cette objection n'est pas de nature à m'évouvoir.

Quand tu choisis pour arme, non pas le reproche d'*absurdité*, mais simplement le reproche d'*improbabilité*, je pourrais me dispenser de te répondre; car si j'ai positivement affirmé qu'il n'y avait rien d'*absurde* dans les faits révélés, je n'ai jamais soutenu

---

(38) *La foi, le bon sens et les faits.* pp. 38 à 52. Voir aussi (Ibidem pp. 68, 69, 464 à 484) quelques réflexions sur l'excellence, les bornes et les écarts de la raison humaine.

que chacun de ces faits était *probable* aux yeux de la raison humaine.

Mais, dans la circonstance actuelle, je puis relever le gant que tu me jettes; et je vais encore te prouver que ce que tu considères comme tout-à-fait improbable est, au contraire, extrêmement probable aux yeux de tous ceux qui croient à l'existence d'un Dieu créateur et à la spiritualité de l'âme humaine.

Une fois l'âme reconnue incorporelle, il faut bien que la raison admette la POSSIBILITÉ de l'existence d'autres Etres incorporels, d'esprits que nos organes n'aperçoivent pas.

Cette possibilité doit se changer en PROBABILITÉ, lorsqu'on considère que, sauf quelques rares exceptions individuelles, tout le monde a cru, dans tous les temps et dans tous les lieux, à l'existence d'Etres incorporels.

Cette probabilité doit encore acquérir une force nouvelle, en présence de la multitude et de la variété des Etres créés. Qu'on songe aux innombrables créatures du règne végétal qui ont couvert le Globe, à ceux qui le couvrent encore, depuis les géants végétaux jusqu'aux mucédinées découvertes à l'aide du microscope; qu'on reporte ensuite sa pensée sur le règne animal, si riche en créatures animées, de toute grandeur, de toute espèce, depuis les monstres fossiles qui ont peuplé la terre et les eaux, les éléphants et les baleines qui les peuplent encore, jusqu'aux animalcules microscopiques qui s'agitent dans une goutte d'eau, et qui servent peut-être de logement ou de nourriture à d'autres animalcules, encore imperceptibles pour nous; qu'on réfléchisse à toutes ces créatures qui nous montrent la vie partout et sous toutes les formes; et, si nul système préconçu n'y met obstacle, on regardera comme extrêmement probable, aux yeux de la raison, que le créateur de cette multitude d'Etres vivants n'aura pas restreint le don de la vie, d'après les bornes qu'il a posées à nos organes, et qu'il n'aura pas non plus réservé la vie incorporelle pour nos âmes seulement, lorsqu'il répandait la vie corporelle avec tant de profusion et de variété.

— Voilà précisément de quelle manière les Déistes devraient raisonner, s'il leur prenait fantaisie de soutenir l'existence d'une âme incorporelle chez les animaux, dont quelques-uns montrent une intelligence et des sentiments qui excitent notre admiration.

— Ce n'est pas le moment d'examiner s'il existe chez l'animal quelque chose qui mérite le nom d'*âme*. Mais, dans tous les cas, ce quelque chose devrait différer essentiellement de l'âme humaine.

— Sous quel rapport, Docteur?

— Le savant académicien De Quatrefages a récemment publié un traité purement scientifique, très-remarquable, sur l'*Unité de l'Espéce humaine;* et j'y trouve une excellente réponse à ta question. Je ne t'en lirai que les lignes suivantes (39) :

« La notion abstraite du bien et du mal moral se retrouve
» ainsi dans tous les groupes d'hommes. Rien ne peut faire
» supposer qu'elle existe chez les animaux...... Il est d'autres
» notions, se rattachant généralement les unes aux autres, et
» que l'on retrouve dans les sociétés humaines même les plus
» restreintes ou les plus dégradées. Partout on croit à un monde
» autre que celui qui nous entoure, à certains Etres mystérieux
» d'une nature supérieure qu'on doit redouter ou vénérer, à une
» existence future qui attend une partie de notre être après la
» destruction du corps. En d'autres termes, la notion de la Divi-
» nité et celle d'une autre vie sont tout aussi généralement
» répandues que celle du bien et du mal. Quelque vagues
» qu'elles soient parfois, elles n'en enfantent pas moins partout
» un certain nombre de faits significatifs..... jamais chez un
» animal quelconque on n'a rien constaté ni de semblable, ni
» même d'analogue...... La moralité, la religiosité, sont uni-
» verselles chez l'homme et manquent chez tous les animaux. »

— On répondra probablement à M' De Quatrefages; si on ne lui a déjà répondu.

(39) *Unité de l'espéce humaine* (Paris 1861. pp. 22, 23, 29.)

— Il se trouve toujours des gens qui répondent, fit observer Gustave; et les plus ignorants sont parfois ceux qui répondent avec le plus d'assurance. Il est si facile de nier ce qu'on ignore!

C'est ce que notre ami François a fait ressortir dans quelques *bouts-rimés*, d'un mérite littéraire contestable mais pleins de bon sens.

— Le carnaval de Jupiter! murmura Théodore.

— Voudrais-tu nous les réciter? demande Frédéric.

— Les voici :

APOLOGUE.

Voyons (dit Jupiter, un jour de Carnaval)
Ce que me répondra l'un ou l'autre animal,
Lorsqu'en lui conservant sa naïve ignorance,
J'irai, bien déguisé, lui vanter la science,
En appelant chez lui, par un merveilleux don,
Et la parole humaine et la froide RAISON.

Sur un banc sous-marin, dans les eaux de la Chine,
Jupiter se fait huitre, et dit à sa voisine,
Qui venait justement d'achever son repas :
Commère écoutez bien! car je veux vous instruire....
— Comment! m'instruire, moi! que pourrait-on me dire!
Tout ce qu'on peut savoir, ne le sais-je donc pas?
— Non; car vous ignorez ce qu'est un ver de terre :
Animal mince et long, qui vit en solitaire ;
Mais en cherche un pareil, qui le recherche aussi.
Nous vivons à notre aise et sans bouger d'ici ;
Mais le ver, plus actif, se creuse une demeure ;
Il en sort quand il veut; puis y rentre à son heure ;
La terre est son domaine; il mourrait dans nos eaux;
Quand nous mourons à terre et vivons sous les flots.
— Cessez de m'étourdir par des contes frivoles;
La RAISON me défend de croire à vos paroles.

Il se transforme en ver, visite un de leurs trous,
Et dit : mon cher Lombric, je descends jusqu'à vous,
Pour parler de l'oiseau qui, d'une aile légère,
S'élance vers le ciel, quand nous rampons à terre.
— Cet oiseau, qui *s'élance*, est donc sans pesanteur !
Vous êtes un benêt, ou peut-être un farceur.
Allez, dans d'autres trous, conter vos fariboles ;
La RAISON me défend de croire à vos paroles.

Au milieu des débris de quatre nids d'oiseaux,
Mon Jupiter s'emplume et dit : pauvres moineaux,
Maudissons le Bimane auteur de nos désastres !
Qu'il soutire la foudre et qu'il pèse les astres ;
Mais nous permette, à nous, de pondre et de couver.....
— Lui ! soutirer la foudre ! il ne sait pas voler !
Allez, sur d'autres toits, chanter vos hyperboles :
La RAISON nous défend de croire à vos paroles.

Jupiter, fatigué, retourne dans les Cieux,
Où l'altière Junon lui dit : Maitre des Dieux,
Descendez de nouveau, pour voir l'espèce humaine.
— Non : Je la connais trop, pour m'en donner la peine ;
L'un ou l'autre Esprit-fort pourrait bien m'assurer,
Qu'aux yeux de la RAISON, je ne puis exister.

RAISON, présent divin, j'admire ta puissance ;
Mais je suis convaincu de ton insuffisance.

CHAPITRE III.

—

ALLIANCES.

Génèse	..... Je suis le Dieu Tout-Puissant; marchez devant moi, et soyez parfait..... vous garderez donc aussi mon alliance, et votre postérité la gardera après vous de race en race. (XVII. 1, 9.)
Exode	..... Voici le sang de l'alliance que le Seigneur a faite avec vous, sous les conditions que je vous ai proposées. (XXIV. 8.)
Lévitique	.....Si vous marchez selon mes préceptes, si vous gardez et pratiquez mes commandements..... si vous dédaignez de suivre mes lois, et que vous méprisiez mes ordonnances; si vous ne faites point ce que je vous ai prescrit, et que vous rendiez mon alliance vaine..... (XXVI. 3, 15.)
Deuteronome	Si..... (IV, 23, 29. $=$ VI. 25. $=$ VII. 12. $=$ VIII. 19. $=$ XI. 13, 22, 27, 28. $=$ XXVIII. 1, 15, 58.) Au cas que..... (XIX. 9.) Pourvu que..... (XXVIII. 9. 13. $=$ XXX. 10.) Afin que..... (IV. 40. $=$ V. 33. $=$ VI. 3, 18, 24. $=$ VIII. 1. $=$ XI. 21. $=$ XII. 28. $=$ XIII. 17. $=$ XV. 4. $=$ XXX. 16, 19, 20. $=$ XXXII. 47.

Mon cher Muril, dit Victor, tu nous as parlé d'un pacte fait avec Abraham et d'une alliance dont Moïse aurait été l'intermédiaire : je ne comprends pas bien que le Créateur fasse des alliances spéciales, des pactes, des contrats avec ses créatures. Il est, me semble-t-il, de la nature de l'Etre Souverain de vouloir, d'ordonner, de défendre, et non pas de contracter.

— Oui, mon cher, Dieu manifeste quelquefois sa volonté par des ordres ou par des défenses; mais il le fait aussi par des promesses; et ces promesses sont tantôt simples, absolues, irrévocables; tantôt conditionnelles et par suite essentiellement révocables, si la condition n'est pas remplie.

Quant à la nature des ALLIANCES, je me contenterai de te lire deux passages du savant abbé Bergier : Je les prends dans le Dictionnaire de THÉOLOGIE de *l'encyclopédie méthodique*. (T. 1. p. 47 et p. 88) :

« ALLIANCE. Dans les Saintes Ecritures, on emploie souvent
» le nom *Testamentum*, et en grec, *diathéké*, pour exprimer la
» valeur du mot hébreu *bérith* (40) qui signifie *alliance;* d'où
» viennent les noms d'ancien et de nouveau Testament, pour
» marquer l'ancienne et la nouvelle *alliance*. La première *alliance*
» de Dieu avec les hommes, est celle qu'il fit avec Adam au mo-
» ment de sa création, lorsqu'il lui défendit l'usage du fruit de
» la science du bien et du mal. GÉN. cap. 2. ỳ. 16. Cette dé-
» fense est une espèce de contrat entre Dieu et l'homme; c'est
» ainsi qu'elle est appelée. Eccle. c. 14. ỳ. 12. »

« ANIMAUX..... On sait que dans l'Ecriture Sainte le mot
» *alliance* signifie souvent une simple promesse. Dieu promet,
» ỳ. 9 et suivants (GÉN. IX) de ne plus détruire les hommes ni
» les animaux par un déluge universel. C'est à quoi se borne
» cette alliance. »

— Cela me suffit, Docteur ; et je puis, pour ma part, t'épargner des explications plus développées sur l'alliance d'Adam et sur celle de Noé.

— Je ne parlerai que de l'alliance d'Abraham et de celle contractée par l'intermédiaire de Moïse.

J'ai peu de chose à dire de l'alliance patriarcale; attendu que la circoncision est peut-être la seule obligation rituelle que les Israélites en aient conservée. Je me bornerai donc à faire re-

(40) **B e - ri - y - th**

marquer qu'Abraham a fidèlement rempli toutes ses obligations ; et que, d'un autre côté, toutes les promesses faites dans son intérêt personnel ont été accomplies.

— Ce sont deux points à prouver, dit Théodore.

— La preuve qu'Abraham a rempli ses obligations envers Dieu résulte d'une espèce d'attestation consignée dans la bible. Je lis :

« GÉNÈSE. XVIII. 19. Car je sais qu'il ordonnera à ses enfants » et à toute sa maison après lui de garder la voie du Seigneur » et d'agir selon l'équité et la justice, afin que le Seigneur ac- » complisse en faveur d'Abraham tout ce qu'il lui a promis. »

« XXVI. 5. Parce qu'Abraham a obéi à ma voix, qu'il a gardé » mes préceptes et mes commandements, et qu'il a observé les » cérémonies et les lois que je lui ai données. »

La preuve de l'accomplissement des promesses divines n'est pas plus difficile à faire (41).

Il a été promis au patriarche Abraham qu'il serait béni..... Aucun doute sérieux ne peut s'élever sur l'accomplissement de cette promesse. Mais je fais remarquer, en passant, que la Génèse étend bien cette bénédiction aux patriarches Isaac et Jacob, mais ne la promet nulle part à leurs descendants ; à qui elle ne réserve que des pactes. D'où suit que ceux-ci ne peuvent se prétendre bénis en masse, qu'en invoquant des pactes subsé- quents ; et alors ils doivent prouver qu'ils ont fidèlement rempli les obligations contractées par ces pactes, s'ils veulent se pré- valoir de la bénédiction conventionnelle.

Il a été promis au patriarche Abraham, que son nom serait célèbre..... Y a-t-il, je vous le demande à tous, un nom qui soit plus généralement connu que celui d'ABRAHAM ; nom répandu partout, en Orient comme en Occident, chez les juifs, les chré- tiens, les arabes, les musulmans ; nom connu de toutes les classes de la société, du pauvre comme du riche, de l'ignorant

(41) Voir, pour ces promesses ; GÉNÈSE. XII. 2, 7 == XIII. 14 à 17 == XV. 5, 7, 18 à 21 == XVII. 2, 4 à 6, 8 == XXII. 17.

comme du savant? Mais, qu'on veuille bien le remarquer, du temps de Moïse, Abraham n'était connu que chez ses descendants; du temps d'Esdras même, il n'était guères connu que de sa famille et des Perses. Sa grande célébrité est l'œuvre des chrétiens, qui ont porté son nom et son histoire chez tous les peuples de la terre : accomplissant ainsi la promesse divine, bien des siècles après qu'elle eût été constatée par écrit.

Il a été promis au patriarche Abraham que sa postérité serait innombrable..... qui pourrait, je vous le demande encore, compter les descendants que les 57 siècles derniers ont vu naître de lui? qui oserait supputer le nombre de ceux que l'avenir lui réserve encore?

Il lui a été promis qu'il serait le père d'une multitude de nations..... Il a été le père de toutes les tribus d'Israël, par Isaac et Jacob; de tous les peuples Iduméens, par Isaac et Esaü; de tous les peuples arabes, par Ismaël.

Il lui a été promis que sa famille s'établirait dans le pays de Canaan..... Personne ne contestera l'accomplissement de cette promesse, en ce qui concerne l'occupation de ce pays. Il est vrai que les Israëlites n'y sont pas restés indéfiniment; mais il est tout aussi vrai qu'ils n'ont pas rempli les obligations qu'ils avaient à remplir pour y rester (42).

Il lui a été promis que ses descendants étendraient leur domination depuis le fleuve d'Egypte, jusqu'au grand fleuve de l'Euphrate..... Saül a porté ses armes jusqu'a la branche du Nil qui passait autrefois à Peluse; David a subjugué, d'un côté, l'Idumée séparée de l'Egypte par le *torrens Egypti* passant à *Rhinocolura;* et, d'un autre côté, le royaume de Syrie, ayant Damas pour capitale, et celui de Soba qui s'étendait, à ce que je présume, jusqu'à l'Euphrate (45).

(42) Deutéronome. IV. 25, 26, 40 == XXX. 17, 18, 20 == XXXII. 47. Néhémie (IIᵉ Esdras). IX. 1 à 38. (Le texte est reproduit ci-après).
(43) Quant aux conquêtes de Saül, la Bible dit qu'il les poussa jusqu'à *sur qui est vis-à-vis de l'Egypte* (I rois ou I samuel. XV. 7); et Josephe rapporte que

Après la mort d'Abraham, son fils Isaac et son petit fils Jacob remplirent fidèlement les obligations de l'alliance patriarcale. Il est permis de croire que leurs descendants en agirent de même, dans les premiers temps; mais on voit, dans la bible, qu'ils finirent ensuite par s'adonner au culte des démons et qu'ils leur immolèrent leurs hosties (44).

Cette violation de l'alliance patriarcale ne devait pas rester impunie : elle eut pour conséquence la servitude égyptienne; à laquelle Moïse mit un terme, en obtenant l'émigration en masse de toute la famille israélite, malgré l'opposition obstinée des Égyptiens.....

— S'il fallait en croire Manethon, Chérémon et Lysimaque, cette opposition des Egyptiens ne serait rien de plus qu'une fiction des historiens juifs. Fiction, dont il n'y aurait pas lieu de s'étonner de la part de ce peuple vaniteux, s'il était vrai, comme

Saül ravagea tout le pays situé entre PELUSION et la mer rouge. (*Hist. des juifs.* Liv. 6. Chap. 8. N° 231. p. 141. Amsterdam 1681.)

En ce qui concerne les conquêtes de David, le 2ᵐᵉ livre des Rois (2ᵐᵉ Samuel) fait l'énumération des pays qu'il s'était assujetis et l'on y voit figurer la Syrie; Soba et l'Idumée (chap. VIII. 10 à 14.)

Pour se faire une idée de l'étendue de ces conquêtes, il ne faut pas songer à la distance si considérable qui sépare les embouchures de l'Euphrate et du Nil; mais il faut prendre Jérusalem pour point de départ, et s'avancer de là vers les cours d'eau mentionnés dans la Bible. Lorsqu'opérant de cette manière, on prend des distances à vol d'oiseau sur de bonnes cartes géographiques, on trouve :

Que la distance entre les villes de Paris et de Nantes est l'équivalent de celle de Jérusalem à l'ancienne Pelusium.

Que la distance entre les villes de Paris et d'Arras, revient à celle entre Jérusalem et l'ancienne *Rhinocolura* située à l'embouchure du *torrens Ægypti;* cours d'eau qui porte aujourd'hui les noms de *Ouadi maghar* vers sa source, et d'*Ouadi Arich* vers son embouchure dans la Méditerranée près du fort EL ARICH, connu par un combat que les français y livrèrent en 1799;

Et que la distance de Paris à Brest correspond à celle de Jérusalem au coude occidental que fait l'Euphrate sur la frontière de la Syrie actuelle.

Il est à remarquer que ni l'Euphrate ni le fleuve d'Egypte ne touchaient à la terre promise, domaine héréditaire des enfants d'Israël; que parsuite s'était en faisant des excursions au-delà des bornes de leur territoire, que Saül et David ont pu porter leurs armes jusques sur les rives de ces cours d'eau.

(44) LÉVITIQUE. XVII. 7.

ces auteurs le rapportent, que Moïse et les siens furent honteusement chassés de l'Egypte, parce qu'ils étaient infectés de la lèpre : cause d'expulsion, que leurs historiens avaient naturellement intérêt à dissimuler.

— C'est sans doute dans la réponse de Josephe à Appion que tu as puisé ton observation? (45)

— Oui, mon cher Docteur; et je m'attends à ce que tu me diras que Josephe a réfuté ces auteurs; mais il n'en restera pas moins vrai qu'il existe des récits contradictoires sur la sortie d'Egypte; et que chacun de nous est libre de s'arrêter à celui de ces récits qui lui parait le plus vraisemblable.

— Sans doute, mon cher Théodore; mais il me semble que le choix à faire ne saurait être douteux, pour peu qu'on examine les choses avec calme et impartialité.

L'émigration spontanée des Israëlites est une conséquence naturelle de la vocation d'Abraham et de l'alliance contractée avec lui.

L'expulsion pour cause de lèpre ne se relie à rien ; elle est rapportée dans des récits contradictoires, entachées des plus grossières erreurs historiques et chronologiques; et, chose plus grave encore, elle est en opposition flagrantes avec les institutions mosaïques.

— Cette opposition flagrante est-elle prouvée?

— Oui; car les institutions mosaïques ordonnent de chasser les lépreux du camp, *soit que ce soit un homme ou une femme* (46).

Je n'ai pas besoin, mes chers amis, de vous faire remarquer qu'un pareil ordre eût été aussi ridicule qu'inexécutable, si le peuple tout entier avait été infecté de cette horrible contagion.

— On n'a peut-être pas exécuté cette ordonnance avec rigueur.

— Les enfants d'Israël ont, au contraire, exécuté cette mesure sanitaire avec une rigueur si scrupuleuse, que Marie, la sœur de

<hr>

(45) Liv. I. Chap. 9 à 12. pp. 706 à 711.
(46) LEVITIQUE. XIII. 44 à 46; XIV. 1 à 32 == NOMBRES V. 1 à 3.

Moïse, ayant été accidentellement frappée de lèpre, elle a été, elle aussi, chassée du camp (47).

Si, malgré ce que je viens de dire, tu persistes à t'en rapporter à Manethon, à Chérémon et à Lysimaque, il ne me restera qu'à te demander auquel de leurs récits contradictoires tu crois devoir accorder la préférence.

— Je puis fort bien abandonner ces auteurs, peu dignes de confiance peut-être, et refuser en même temps d'ajouter foi à tout ce que tu crois au sujet de Moïse et de la manière dont l'émigration juive s'est opérée.

— Il me suffit, pour le moment, que l'expulsion pour cause de lèpre soit écartée de la discussion.

J'en reviens à Moïse, dont je crois inutile de rappeler l'origine et les premiers faits. Je le prends donc à l'époque où il gardait les troupeaux de son beau père Jethro.

Lorsqu'il se trouvait un jour au pied de la montagne à double sommet, à laquelle on peut donner le nom d'Horeb-Sinaï (48). Le Seigneur se mit en communication avec lui par l'intermédiaire d'un ange (49) qui lui apparut, dans une flamme de feu sortant d'un buisson (50).

Moïse reçut alors la mission d'aller retirer les enfants d'Israël de l'Egypte, où ils étaient retenus dans la plus dure des servi-

---

(47) NOMBRES. V. 4 ; XII. 13 à 15.

(48) *Encyc. meth.* THÉOLOGIE. Art. *Sinaï* (T. 3. p. 510. col. 1.)

TEXTE : « ..... Les voyageurs et les géographes, anciens et modernes, nous
» apprennent que *Horeb* et *Sinaï* sont deux sommets de la même montagne, dont
» l'un regarde l'Idumée et l'autre l'Arabie, et celui-ci est le plus élevé. »

(49) TEXTE de Menochius sur Ex. III. 2. (Bible de Carrières) : « *Dominus.*
» Angelus, domini personam sustinens. Credibile est fuisse Michaelem, synagogæ
» præsidem et tutorem. »

ACTES DES APÔTRES. VII. 29 . « Cette parole fut cause que Moïse s'enfuit et
» il demeura comme étranger au pays de Madian, où il eut deux fils.

» 30. Quarante ans après, un ange lui apparut au désert de la montagne de
» Sina, dans la flamme d'un buisson qui brûlait. » (Discours de St Etienne.)

C'est aussi par le ministère des anges que la loi a été donnée à Moïse (Actes 7.
53. == Galates. 5. 19 == hébreux. 2. 2.)

(50) EXODE. III. 2.

tudes. Mission tellement difficile à remplir, que Moïse fit tout ce qu'il put pour en être dispensé (51).

Il la remplit cependant avec un plein succès. Mais il lui en restait une autre, non moins difficile et dans laquelle il réussit tout aussi complétement : je veux parler de l'alliance mosaïque, au sujet de laquelle je vais donner lecture des versets suivants :

Exode. XXIV. 3. « Moïse vint donc rapporter au peuple toutes » les paroles et toutes les ordonnances du Seigneur, et le peuple » répondit tout d'une voix : Nous ferons tout ce que le Seigneur » a dit.

ŷ. 4. » Moïse écrivit toutes les ordonnances du Seigneur, et » se levant dès le point du jour, il dressa au pied de la mon- » tagne un autel *de terre,* et douze monuments *de pierre,* selon » le nombre des douze tribus d'Israël (52).

ŷ. 5. » Et ayant envoyé des jeunes gens d'entre les enfants » d'Israël, ils offrirent des holocaustes, et ils immolèrent des » victimes pacifiques, savoir des veaux. »

ŷ. 6. » Moïse prit la moitié du sang, qu'il mit dans des cou- » pes, et il répandit l'autre sur l'autel.

ŷ. 7. » Il prit ensuite le livre où l'alliance était écrite, et il le » lut devant le peuple, qui dit après l'avoir entendu : Nous » ferons tout ce que le Seigneur a dit, et nous lui serons obéis- » sants. »

ŷ. 8. » Alors prenant le sang, il le répandit sur le peuple et il » dit : Voici le sang de l'alliance que le Seigneur a faite avec » vous, sous les conditions que je vous ai proposées. »

Quarante ans plus tard, cette première alliance mosaïque fut solennellement renouvelée, avec le complément que l'occupation prochaine du pays de Canaan allait rendre nécessaire. C'est à ce renouvellement complémentaire que se rapportent les versets que je vais lire maintenant.

(51) Exode. IV. 1, 10, 13.

(52) La traduction de ce verset est celle de Lemaître de Sacy. Pour tous les autres j'ai suivi Carrières. (Voir à ce sujet *Petite Revue* pp. 55 à 60.)

Deutéronome. IV. ŷ. 5. « Vous savez que je vous ai enseigné
» les lois et les ordonnances, selon que le Seigneur mon Dieu
» me l'a commandé : vous les pratiquerez donc dans la terre que
» vous allez posséder.

XXIX. ŷ. 1. » Voici les paroles de l'alliance que le Seigneur
» commanda à Moïse de faire avec les enfants d'Israël dans le
» pays de Moab, outre la première alliance qu'il avait faite avec
» eux sur le mont Horeb.

ŷ. 10. » Vous voilà tous aujourd'hui présents devant le Sei-
» gneur votre Dieu, les Princes de vos tribus, les anciens et les
» Docteurs et tout le peuple d'Israël.

ŷ. 11. » Vos enfants, vos femmes et l'étranger qui demeure
» avec vous dans le camp, sans ceux qui coupent le bois et ceux
» qui apportent l'eau.

ŷ. 12. » Afin que vous entriez dans l'alliance du Seigneur votre
» Dieu, cette alliance que le Seigneur votre Dieu contracte et
» jure aujourd'hui avec vous.

ŷ. 13. » Afin qu'il fasse de vous son propre peuple, et qu'il
» soit lui-même votre Dieu, selon qu'il vous l'a promis, et selon
» qu'il l'a juré à vos pères, Abraham, Isaac et Jacob. »

Cette double alliance comprend des prescriptions très-détail-
lées concernant le culte, les relations politiques et les relations
civiles du peuple israélite. Je dois naturellement me borner à
vous en donner une légère idée.

Jusqu'alors, la religion monothéiste était en quelque sorte
restée à l'état de culte domestique; l'alliance mosaïque lui a
donné tout l'éclat dont un culte public était susceptible.

L'alliance patriarcale n'avait point réuni les douze tribus en
un seul faisceau politique. L'alliance mosaïque les constitua en
corps de nation.

La vocation d'Abraham, la circoncision, le culte monothéiste
avaient isolé les Israélites; mais l'alliance mosaïque vint donner,
à cet isolement, un caractère plus tranché et en même temps
plus hostile, tout au moins à l'égard des nations polythéistes qui

occupaient la terre promise, et auxquelles il fallait faire une guerre d'extermination.

Pour terminer sur ce point, j'ajouterai qu'en général les promesses faites par l'intermédiaire de Moïse sont formulées conditionnellement, en tant qu'elles concernent les intérêts privés de la nation israélite. Presqu'à chaque page du dernier livre du Pentateuque, on rencontre des formules conditionnelles déterminant ce que ce peuple avait à espérer et ce qu'il avait à craindre de sa conduite ultérieure.

Aussi, tant que les Israélites demeurèrent fidèles à l'alliance mosaïque, ils furent heureux; à chaque fois qu'ils la violèrent, ils furent misérables.....

— Tu devrais bien nous dire sur quoi tu fondes cette assertion, qui me paraît bien positive.

— Sur toute l'histoire des enfants d'Israël : histoire dont les vicissitudes se trouvent résumées, en ce qui concerne la haute antiquité, dans une confession publique, faite sous forme officielle, par les chefs de la nation, un millier d'années après la mort de Moïse. Confession, dont on me permettra de donner lecture, parce qu'elle est de nature à dissiper tous les doutes.

Néhémie (II Esdras) VIII. 18. « Or Esdras lut dans le livre de » la loi de Dieu chaque jour de la fête, depuis le premier jusqu'au » dernier. Et le huitième jour ils firent l'assemblée selon la » coutume. »

IX. ẙ. 1. « Le vingt-quatrième jour de ce même mois, les » enfants d'Israël s'assemblèrent, étant dans le jeûne, revêtus » de sacs et couverts de terre.

ẙ. 2. » Ceux de la race des enfants d'Israël furent donc séparés de tous les enfants étrangers; et ils se présentèrent; et » ils confessaient leurs péchés et les iniquités de leurs pères.

ẙ. 3. » Et se levant sur leurs pieds, ils lisaient dans le volume » de la loi du Seigneur leur Dieu quatre fois le jour, et ils bénissaient et adoraient par quatre fois le jour leur Dieu.

ẙ. 4. » Or Josué, Bani, Cedmihel, Sabania, Bonni, Sarébias,

» Bani et Chanani se présentèrent sur le degré des lévites; et
» ils élevèrent leur voix et poussèrent des cris au Seigneur leur
» Dieu.

ꭗ. 5. » Et Josué, Cedmihel, Bonni, Hasebnia, Sarébias,
» Odaïa, Sebnia, Phathahia dirent : Levez-vous, bénissez le
» Seigneur votre Dieu de siècle en siècle. Que votre grand nom
» de votre gloire soit comblé pour jamais de bénédictions et de
» louanges.

ꭗ. 6. » C'est vous qui êtes le seul Seigneur, qui avez fait le
» Ciel et le Ciel des cieux et toute l'armée céleste, la terre et
» tout ce qu'elle contient, la mer et tout ce qu'elle renferme;
» c'est vous qui donnez la vie à toutes ces créatures; et c'est
» vous que l'armée du Ciel adore. »

Les versets suivants énumèrent toutes les faveurs accordées
aux Israélites, jusques et y compris la conquête du pays de
Canaan. Puis, la confession continue en ces termes :

ꭗ. 26. « Mais ils ont irrité votre colère; ils se sont retirés de
» vous; ils ont rejeté votre loi avec mépris; ils ont tué vos Pro-
» phètes qui les conjuraient de revenir à vous, et ils ont blas-
» phémé votre nom avec outrage.

ꭗ. 27. » C'est pourquoi vous les avez livrés entre les mains
» de leurs ennemis, qui les ont opprimés. Pendant le temps de
» leur affliction ils ont crié vers vous et vous les avez écoutés
» du Ciel; et selon la multitude de vos miséricordes, vous leur
» avez donné des sauveurs pour les délivrer d'entre les mains
» de leurs ennemis.

ꭗ. 28. » Et lorsqu'ils ont été en repos, ils ont commis de
» nouveau le mal devant vous; et vous les avez abandonnés entre
» les mains de leurs ennemis, qui s'en sont rendus les maîtres,
» ils se sont tournés vers vous, et ils vous ont adressé leurs cris,
» et vous les avez exaucés du Ciel, et les avez délivrés souvent
» et en divers temps, selon la multitude de vos miséricordes.

ꭗ. 29. » Vous les avez encore sollicités de retourner à votre
» loi; mais ils ont agi avec orgueil, ils n'ont point écouté vos

» commandements : Ils ont péché contre vos ordonnances que
» l'homme n'a qu'à observer pour y trouver la vie. Ils *vous* ont
» tourné le dos; ils se sont endurcis, entêtés, *et* ils n'ont point
» *voulu nous* écouter.

ŷ. 30. » Vous avez différé de les punir pendant plusieurs
» années; vous les avez exhortés par votre esprit, en leur par-
» lant par vos prophètes, et ils ne vous ont point écouté; et
» vous les avez livrés entre les mains des nations.

ŷ. 31. » Vous ne les avez pas néanmoins exterminés et vous
» ne les avez point abandonnés, à cause de la multitude de vos
» bontés, parce que vous êtes un Dieu de miséricorde *et* clément.

ŷ. 32. » Maintenant donc, notre Dieu, grand fort et terrible
» qui conservez inviolablement votre alliance et votre miséri-
» corde, ne détournez point vos yeux de tous les maux qui nous
» ont accablés, nous, nos Rois, nos Princes, nos Prêtres, nos
» Prophètes et nos pères et tout votre peuple, depuis le temps
» du Roi d'Assyrie jusqu'aujourd'hui.

ŷ. 33. » Vous êtes juste, dans toutes les afflictions qui nous
» sont arrivées, parce que vous nous avez traités selon votre
» vérité, et que nous avons agi comme des impies.

ŷ. 34. » Nos rois, nos princes, nos prêtres, ni nos pères,
» n'ont point gardé votre loi; ils n'ont point écouté vos com-
» mandements ni la voix de ceux qui leur déclaraient votre
» volonté.

ŷ. 35. » Lorsqu'ils jouissaient de leurs royaumes, et de cette
» abondance de biens dont votre bonté les faisait jouir dans cette
» terre si spacieuse et si fertile que vous leur aviez donnée, ils
» ne vous ont point servi, et ne sont point revenus de leurs
» inclinations méchantes et corrompues.

ŷ. 36. » Vous voyez que nous sommes aujourd'hui nous-
» mêmes esclaves, aussi bien que la terre que vous aviez donnée
» à nos pères, afin qu'ils y mangeassent le pain et le fruit qu'ils
» en recueilleraient. Nous sommes nous-mêmes devenus escla-
» ves comme elle.

ỳ. 57. » Tous les fruits qu'elle porte sont pour les rois que
» vous avez mis sur nos têtes, à cause de nos péchés. Ils domi-
» nent sur nos corps et sur nos bêtes, comme il leur plait; et
» nous sommes dans une grande affliction.

ỳ. 58. » Dans la vue donc de toutes ces choses, nous faisons
» nous-mêmes une alliance. Nous en dressons l'acte; et nos
» princes, nos lévites et nos prêtres le vont signer. »

Et le chapitre suivant nous donne les noms des principaux
signataires de ce document remarquable.

— Je suis surpris, Muril, de ce que tu nous aies si longue-
ment entretenus de Moïse, sans nous parler spécialement des
prodiges que juifs et chrétiens lui attribuent.

— Il ne m'aurait servi de rien de rappeler des faits auxquels
tu ne crois pas. Mais je vais maintenant te parler d'un prodige
dont tu dois forcément admettre l'existence et qui remplace, à
mes yeux, tous ceux que je dois passer sous silence dans une
discussion avec toi.

— Quel est ce prodige, Docteur?

— Après avoir obtenu, *avec ou sans prodige,* la permission de
conduire son peuple au désert, Moïse apparaissait, aux yeux des
Israélites, comme un libérateur envoyé tout exprès pour les
retirer de la servitude;

Il n'avait qu'à dire : Marchons!.... et son peuple le suivait.

Lorsqu'ensuite les Israélites virent la mer rouge devant eux;
et derrière eux, l'armée égyptienne s'avançant à leur poursuite;
et que Moïse réussit, *avec ou sans prodige,* à leur montrer qu'il
y avait moyen de franchir la barrière immense qui se trouvait
devant eux;

Il n'avait qu'à dire : Marchons!... et son peuple le suivait
encore;

Lorsqu'après le passage de la mer rouge, les Israélites se
trouvèrent dans un désert inconnu; et que Moïse parvint à leur
procurer, *avec ou sans prodige,* les choses les plus indispensables
à l'entretien de cette multitude émigrée;

Il n'avait qu'à dire : Marchons!... et son peuple le suivait toujours.

Mais la position de Moïse devint extrêmement difficile, dès qu'il lui fallut remplir le but final de sa mission; dès qu'il lui fallut renouveler l'alliance patriarcale, et la renouveler de telle manière qu'elle fut, en quelque sorte, une alliance nouvelle, beaucoup plus étroite et plus difficile à garder que la première ; en d'autres termes, dès qu'il dût faire accepter par un peuple grossier, sensuel, opiniâtre, enclin à l'idolatrie et à la révolte, le joug dur et pesant de la loi mosaïque; c'est-à-dire de cet ensemble d'institutions religieuses, morales, civiles et politiques décrites dans le Pentateuque, et dont le résultat pratique se résumait, pour le moment du moins, en une théocratie monothéiste. Législation hostile à toutes les nations contemporaines, et de plus antipathiques aux Israélites eux-mêmes, ainsi que leurs murmures, leurs révoltes et leurs fréquents retours à l'idolatrie ne l'ont que trop prouvé.

Et qu'on veuille bien le remarquer, pour imposer ce joug nouveau à deux ou trois millions d'âmes (53), Moïse se trouvait SEUL; et si bien SEUL, qu'il ne pouvait pas même compter sur son frère Aaron ; car celui-ci a eu la faiblesse d'organiser le culte du veau d'or, pour plaire à la multitude égarée (54).

Pour peu qu'on veuille se laisser guider par les inspirations

(53) *Encyc. méth*. THÉOLOGIE art. *Sinaï* (T. 3. p. 510. col. I.)
TEXTE : « Les Israélites étaient au nombre de deux millions, puisqu'il y en
» avait 600,000 en état de porter les armes. »
Bullet. *Réponses critiques* (T. 1. p. 282-283). TEXTE : « Nous commençons
» par demander aux incrédules : Moïse a-t-il été envoyé de Dieu avec la puis-
» sance de faire des miracles pour autoriser sa mission, ou a-t-il été un imposteur
» qui a cherché à tromper par des tours d'adresse?.... s'il a été un imposteur....
» par quelle industrie fournit-il chaque jour pendant 40 ans, douze millions de
» livres d'une manne jusqu'alors inconnue, à trois millions d'hommes dans un
» affreux désert? »
(54) EXODE. XXXII. 4. « Aaron les ayant pris, les jeta en fonte; et il en forma
» un veau. Alors les Israélites dirent : voici vos dieux, ô Israël, qui vous ont tiré
» de l'Egypte. »

du plus simple bon sens, on doit comprendre les immenses difficultés d'une pareille entreprise ; et l'on doit se dire que, si Moïse était parvenu, *sans prodige*, à faire accepter son austère législation par au-delà d'un million d'âmes qui n'en voulaient pas, un pareil succès serait lui-même un prodige plus surprenant encore que ceux décrits dans la Bible (55).

— Oh ! Oh !

— Je maintiens mon dire ; et ce n'est pas une simple exclamation qui le renversera.

Les juifs sont là devant tes yeux ; tu ne peux contester leur existence.

Les institutions mosaïques sont là ; tu ne peux pas les écarter non plus.

Explique-moi donc, autrement que par des *Oh! Oh!* le double fait qui se dresse devant toi.

— Moïse a pu tromper son peuple par des prestiges ; auxquels il ne lui aura pas été difficile de donner une apparence miraculeuse, aux yeux d'une masse aussi ignorante que les juifs de ces temps-là.

— Tu n'y songes pas, Théodore. Avec beaucoup de talent, on peut en imposer à quelques centaines et peut-être même à quelques milliers de spectateurs rassemblés dans une localité préparée à cet effet : Mais quand il s'agit d'opérer en plein désert, devant deux à trois millions d'individus ; quand il s'agit de couvrir de fumée et de feux une immense montagne à double sommet, comme l'Horeb-Sinaï ; oh alors, il faut plus que de la bonne volonté, pour remplacer la grande figure de Moïse par celle d'un misérable jongleur.

Réfléchis, mon cher, à tout ce que je viens de te dire. Tu en auras le temps ; car, dans ce moment-ci, il ne s'agit que des juifs, de leur histoire et de leurs croyances. Or, que tu croies ou ne croies pas à la réalité des prodiges attribués à Moïse, il

(55) EXODE. XIX. 16 à 19 == XX. 18.

est incontestable que les Israëlites y croyaient, eux : j'ajoute que les événements historiques les ont très-logiquement confirmés dans cette croyance.

— Très-logiquement?

— Oui, très-logiquement; et j'espère que tu seras toi-même de mon avis, quand tu auras entendu les observations que je vais te présenter.

Pour apprécier la croyance des juifs d'une manière impartiale, il faut les prendre tels que l'histoire nous les représente dans l'antiquité.

Nous voilà donc placés, par supposition, en face d'Israëlites croyant fermement aux prodiges de la sortie d'Egypte; et par conséquent tout disposés à chanter, avec une foi pleine et entière, le cantique Mosaïque composé immédiatement après le passage de la mer rouge. Cantique, dont je ne lirai que le commencement et la fin.

Exode. Chap. XV. ẙ. 1. « Alors Moïse et les enfants d'Israël » chantèrent ce cantique au Seigneur, et ils dirent : Chantons » des hymnes au Seigneur, parce qu'il a fait éclater sa grandeur » et sa gloire, et qu'il a précipité dans la mer le cheval et le » cavalier.

ẙ. 17. » Vous les introduirez, et vous les établirez sur la » montagne de votre héritage, sur cette demeure très-ferme que » vous vous êtes préparée vous-même; dans votre sanctuaire, » Seigneur, que vos mains ont affermi.

ẙ. 18. » Le Seigneur régnera dans l'éternité et au-delà.

ẙ. 19. » Car Pharaon est entré à cheval dans la mer avec ses » chariots et ses cavaliers; et le Seigneur a fait retourner sur » eux les eaux de la mer. Mais les enfants d'Israël ont passé à » sec au milieu des eaux. »

Cette ode triomphale contient, à la fois, un récit du passé, une prophétie pour l'avenir; et il me semble très-logique d'affirmer que les croyances, de ceux qui ajoutaient foi au récit, devaient ensuite se trouver confirmées, lorsque la prophétie s'accomplissait.

— Je puis admettre cela.

— Lorsque les Israëlites se virent introduits dans la terre promise; lorsqu'ils se furent établis sur la montagne sainte; lorsque surtout Salomon eut bâti, sur cette montagne, un temple qu'on a compté parmi les sept merveilles du monde; tous ces événements ont confirmé la famille israëlite dans sa foi, parce qu'elle les a considérés comme l'accomplissement de la prophétie mosaïque.

— Oui, Muril, la conquête de la terre promise et l'édification du magnifique temple de Salomon ont dû confirmer les juifs dans leur croyance aux prodiges attribués à Moïse. J'en conviens franchement; mais conviens aussi, de ton côté, que la captivité Babylonienne et la destruction du temple par Nabuchodonozor étaient des événements plus propres à diminuer cette croyance qu'à la confirmer.

— Considérés isolément, ces événements peuvent, j'en conviens, être appréciés de la manière que tu viens de le faire; mais il en est tout autrement quand on les rapproche des prophéties bibliques, qui les avaient annoncés et dont ils n'étaient aux yeux des juifs qu'un simple accomplissement.

On lit, en effet, ce qui suit dans les Prophètes de nos Ecritures.

Dans EZECHIEL (prophétisant, à Babylone, sur les juifs de Jérusalem).

Chap. XXIV. ŷ. 21. « Dites à la maison d'Israël : Voici ce » que dit le Seigneur Dieu : je vais profaner mon sanctuaire, » l'ornement superbe de votre empire, qui est ce que vos yeux » aiment le plus et l'objet des craintes de votre âme : vos fils et » vos filles qui seront restés tomberont par l'épée. »

Dans JÉRÉMIE (prophétisant, à Jérusalem, sous Joakin).

Chap. XXV. ŷ. 11. « Et toute cette terre deviendra un désert » affreux qui épouvantera ceux qui le verront : et toutes ces na- » tions seront assujetties au Roi de Babylone pendant 70 ans. »

Dans le même JÉRÉMIE (prophétisant à Jérusalem sur les juifs de Babylone, du temps de Sédécias).

Chap. XXIX. ỳ. 10. « Car voici ce que dit le Seigneur : lors-
» que les soixante-dix ans que vous devez passer à Babylone
» seront accomplis, je vous visiterai ; et je vérifierai les paroles
» favorables que je vous ai données, en vous faisant revenir en
» cette terre. »

J'ai déjà cité précédemment (56) le dernier verset du 44me chapitre d'Isaïe, qui se termine par les paroles suivantes, mises
dans la bouche du Seigneur : « qui dis à Jérusalem : vous serez
» rebâtie ; et au temple : vous serez fondé. »

Lorsqu'à l'expiration de la période fixée par le prophète Jérémie, Cyrus a mis un terme à la captivité Babylonienne ; lorsque
Zorobabel a construit, sur le montagne sainte, un nouveau temple en remplacement de celui que Nabuchodonozor avait détruit ;
lorsque Nehemie a relevé les murs de Jérusalem que les Baby-
loniens avaient abattus ; lorsqu'enfin Esdras a rétabli le culte
mosaïque dans son intégrité primitive, il est tout naturel que les
juifs, spectateurs de ces événements, aient cru plus que jamais
à l'inspiration divine de leurs prophètes, à la mission divine de
Moïse, à la protection divine dont il avait été favorisé ; et par
suite aux prodiges opérés par cet homme extraordinaire.

Lorsqu'après la persécution d'Antiochus Epiphanes, le culte
mosaïque, interrompu pendant plusieurs années, a été solennellement rétabli dans le temple par Judas Machabée, une restauration aussi éclatante a dû confirmer de nouveau la masse des
Israélites dans sa foi aux prophéties, à la mission divine de
Moïse et aux prodiges opérés par le prophète-législateur.

— Je n'insiste plus.

— Nous voilà donc d'accord pour admettre que les événements historiques sont venus justifier les espérances que le
chant de triomphe de Moïse avait fait naître.

Malheureusement l'orgueil national a fini par découvrir, dans
cette ode triomphale, ce que Moïse n'y avait pas mis. De ce qu'il
avait chanté :

(56) *La foi. le bon sens et les faits.* p. 499.

« Vous les introduirez..... dans votre sanctuaire, Seigneur,
» que vos mains ont affermi.

» Le Seigneur règnera dans l'éternité et au-delà. »

Certains docteurs ont cru pouvoir conclure que le culte
mosaïque devait durer perpétuellement, comme le règne du
Seigneur.....

— Logique des Scribes et des Pharisiens !

— Des Scribes, des Pharisiens, des Docteurs de la loi, des
soi-disant Sages, des *Tanaïm;* en un mot, d'une longue série de
Docteurs qui ont fini par transformer le *Mosaïsme* en *Talmudisme.*

C'est de ces Docteurs, de leur doctrine et de ses résultats,
qu'il me reste à parler aujourd'hui.

CHAPITRE IV.

—

TALMUDISME.

Plus de 14 siècles après Moïse, Jésus-Christ dit aux Scribes et aux Pharisiens : LAISSANT LÀ LE COMMANDEMENT DE DIEU, VOUS OBSERVEZ AVEC SOIN LA TRADITION DES HOMMES.

Plus de 16 siècles après Moïse, Juda Haccadosch consigna cette tradition des hommes, dans un livre qu'il écrivit sous le titre de MISNAH.

Plus de 17 siècles après Moïse, on écrivit, sous le nom de GEMARE, un 1er recueil de commentaires sur la MISNAH ; et l'on réunit le tout sous le titre de THALMUD DE JÉRUSALEM (1 vol. in-f°).

Plus de 19 siècles après Moïse, on écrivit un recueil de commentaires beaucoup plus étendu que le premier ; cette 2me GEMARE, réunie à la MISNAH, forma le THALMUD DE BABYLONE (12 vol. in-f°).

A peu d'exceptions près, tous les juifs modernes sont des sectateurs de ce THALMUD (57).

Après qu'on eût vidé un bowl de punch, cordialement offert par Muril, celui-ci reprit la discussion.

Du temps d'Abraham, dit-il, l'écriture n'était bien certainement pas d'un usage général ; peut-être même n'était-elle pas

---

(57) Il n'y a pas la moindre assimilation logique possible entre les innombrables traditions Talmudiques et les traditions, comparativement peu nombreuses, du christianisme.

1° Celles-ci ont été consignées dans des écrits qui datent d'une époque rapprochée de la mort du Christ et de ses Apôtres.

Celles du Talmud n'ont été écrites que 16 à 19 siècles après la mort de Moïse.

encore inventée. Quoi qu'il en soit, le patriarche pasteur n'aura probablement appris à lire et à écrire, ni sous les tentes de son père Tharé, ni sous celles qu'il a occupées lui-même dans le Mésopotamie et dans la Palestine (58). Tous les préceptes religieux et rituels, qu'il était chargé d'enseigner à ses descendants, ne leur auront été transmis que par voie de tradition orale.

Il n'en a pas été de même en ce qui concerne l'alliance mosaïque. Le décalogue était gravé sur deux tables de pierre; et les autres préceptes légaux ont été écrits par Moïse, dans un livre qui devait être religieusement conservé et périodiquement lu au peuple assemblé (59). C'était donc par la voie de l'écriture que la loi mosaïque devait être transmise de génération en génération.

Il ne faudrait cependant pas s'imaginer que, depuis Moïse, rien n'était plus transmis par voie de tradition orale; car il y a des commandements dont le Pentateuque ne décrit pas le mode d'exécution; et je puis citer, comme exemple, le précepte de la circoncision.

2° Jésus-Christ n'a pas écrit son Evangile.

Moïse a écrit son Pentateuque.

3° L'Evangile ne nous présente pas la moindre trace de prescriptions écrites données par Jésus-Christ.

Le Pentateuque ne nous présente pas la moindre trace de prescriptions exclusivement orales données par Moïse.

4° Rien n'était écrit lorsque Jésus-Christ a dit à ses Apôtres : *Allez par tout le monde : Prêchez l'Evangile à toute créature.*

Toute la loi mosaïque était écrite lorsque Moïse en a donné lecture au peuple; lorsqu'il a ordonné de conserver, de transcrire, et de lire périodiquement le livre qui la contenait.

Voir encore, sur cette question, l'abbé Bergier (Encyc. méth. THÉOLOGIE. T. 2. pp. 483 et 484. Article *Loi orale.*)

(58) Les enfants d'Israël me permettront de croire qu'Abraham n'a pas plus écrit le livre *Yetsirah* ou de la création du monde des anges, qu'Adam n'a écrit le livre *Raziel*, au moyen duquel on peut conjurer les esprits malins, guérir les malades et prévoir l'avenir.

(Voir Depping. *Les juifs* etc. introduction p. 15.)

(59) DEUTERONOME. XXXI. 9 à 11; 24 à 26. (Le texte en est reproduit ci-après).

Ce n'est pas tout. Depuis Moïse, jusqu'à la captivité Babylonienne, bien des usages se seront indubitablement établis pour assurer la régularité du service divin, pour maintenir l'ordre dans le temple, pour déterminer avec précision les détails de certaines cérémonies que le Pentateuque n'avait prescrites qu'en termes généraux. Rien de tout cela ne paraît avoir été formulé par écrit; et c'est encore par voie de tradition, que ces usages se seront perpétués.

Enfin, lorsque Zorobabel a rebâti le temple et qu'Esdras a restauré le culte, c'est à la tradition qu'ils ont été forcés d'avoir recours, non-seulement pour rétablir ceux des usages dont il ne restait plus que des souvenirs, mais encore pour renouveler certains objets consacrés dont la forme n'était point décrite dans le Pentateuque (60).

Mais tout en disant que la restauration d'Esdras a été forcée de s'appuyer à la fois sur l'écriture et sur la tradition, je dois faire observer, qu'après lui, les docteurs israélites ne se sont pas toujours contentés d'enseigner ce qui était réellement de tradition ancienne. On s'est permis, d'un côté, d'y ajouter des traditions d'origine récente; et d'un autre côté, d'introduire une foule de préceptes nouveaux.

Voici quelques lignes de Bossuet sur cette situation nouvelle (61) :

« .... Toute la terre (dit ce prélat) était possédée de la même
» erreur : La vérité n'y osait paraître. Ce grand Dieu créateur
» du monde n'avait de temple ni de culte qu'en Jérusalem.
» Quand les gentils y envoyaient leurs offrandes, ils ne faisaient
» autre honneur au Dieu d'Israël, que de le joindre aux autres
» dieux. La seule Judée connaissait sa sainte et sévère jalousie,

(60) Voir EXODE. XXV. 40. — XXVI. 30. — XXVIII. 8. — NOMBRES. VIII. 4.

N. B. Döllinger entre dans plus de détails sur les traditions qui faisaient réellement partie de la religion mosaïque (Ibid. Nº 155 à 157.)

(61) *Discours sur l'histoire universelle*. T. 2. pp. 253 à 255.

» et savait que partager la religion entre lui et les autres dieux,
» était la détruire.

» Cependant à la fin des temps, les juifs mêmes qui le con-
» naissaient, et qui étaient les dépositaires de la religion, com-
» mencèrent, tant les hommes vont toujours affaiblissant la
» vérité, non point à oublier le Dieu de leurs pères, mais à mêler
» dans la religion des superstitions indignes de lui. Sous le
» règne des Asmonéens, et dès le temps de Jonathas, la secte
» des Pharisiens commença parmi les juifs. Ils s'acquirent
» d'abord un grand crédit par la pureté de leur doctrine, et par
» l'observance exacte de la loi : joint que leur conduite était
» douce, quoique régulière, et qu'ils vivaient entre eux en
» grande union. Les récompenses et les châtiments de la vie
» future, qu'ils soutenaient avec zèle, leur attiraient beaucoup
» d'honneur (A). A la fin, l'ambition se mit parmi eux. Ils
» voulurent gouverner, et en effet ils se donnèrent un pouvoir
» absolu sur le peuple : ils se rendirent les arbitres de la doc-
» trine et de la religion qu'ils tournèrent insensiblement à des
» pratiques superstitieuses, utiles à leur intérêt et à la domina-
» tion qu'ils voulaient établir sur les consciences; et le vrai
» esprit de la loi était près de se perdre..... Comme ils ne son-
» geaient qu'à se distinguer des autres hommes, ils multiplièrent
» sans bornes les pratiques extérieures et débitèrent toutes leurs
» pensées, quelques contraires qu'elles fussent à la loi de Dieu,
» comme des traditions authentiques. »

— Comment sont-ils parvenus à faire accepter des pensées
contraires à la loi de Dieu, qui était consignée par écrit?

— Je ne puis te donner une réponse positive à ce sujet; mais
si tu veux te contenter de conjectures, en voici :

L'étude de la loi étant devenue l'occupation spéciale d'un
assez grand nombre d'Israélites, quelques uns des plus rigides
observateurs des prescriptions légales en vinrent à l'idée de faire

(A) Jos. ant. XIII, 9, 18; lib. 2. de bell. jud. 7. (Note de Bossuet).

un peu plus qu'elle ne l'ordonnait, et de pousser l'abstention un peu plus loin que la défense légale, afin de se mettre par là complétement à l'abri de toute violation même involontaire. On voulait, paraît-il, rendre la loi inviolable, en l'entourant en quelque sorte d'une enceinte préservatrice (**G-â-dê-r**) formée par une ou par plusieurs HAIES.

Cette idée finit par devenir un point de doctrine, que les Docteurs transmettaient à leurs nombreux disciples, qui, devenus ensuite Docteurs eux-mêmes, la transmettaient à leur tour, enrichie le plus souvent de précautions nouvelles. La HAIE devint ainsi de plus en plus touffue, et la doctrine se revêtit chaque jour davantage d'une apparence de discipline scolaire de plus en plus minutieuse.

Dans le principe, ces précautions préservatrices ne furent peut-être introduites qu'à titre de conseils donnés pour arriver à la perfection; mais on se permit, par la suite, de leur donner un caractère obligatoire pour tous les enfants d'Israël, sous la qualification de *Traditions des anciens*.

Il paraît que ces traditions humaines régirent les consciences jusqu'à ce que le Christ vint enseigner et démontrer qu'elles dénaturaient la loi de Moïse.

Cet enseignement, auquel la mort du Christ n'avait pas mis un terme et qui triomphait de jour en jour davantage de la doctrine traditionnelle des Scribes et des Pharisiens, dût faire comprendre à ceux-ci que le seul moyen de conserver leur prestige doctrinal, c'était de faire disparaître l'infériorité évidente de la *tradition des anciens* comparativement à la loi écrite du Prophète-législateur : Et comme les Docteurs admettaient que cette loi écrite était d'origine divine, ils ne purent sauver leurs traditions qu'en enseignant que celles-ci émanaient également de Dieu. C'est ce qu'on se permit de faire ; et l'on transforma la *tradition des anciens*, en *loi orale* qu'on prétendit avoir été donnée à Moïse sur le sommet du Sinaï, en même temps que la loi qui devait être écrite ; mais avec ordre de n'écrire que celle-ci et de transmettre l'autre de bouche en bouche : assertion inconciliable cependant avec plusieurs prescriptions formelles de Moïse.

— Si je te comprends bien, tu veux faire allusion au *Talmud,* dont Mr Cahen nous a donné une première idée, dans un passage que tu nous as lu ce soir, en nous montrant une bible *in-octavo,* qui renferme, s'il faut en croire les juifs, les douze volumes in-folio de leur Talmud de Babylone.

— Oui : c'est au Talmud que j'ai fait allusion; et j'ai des choses très-curieuses à dire au sujet de cet ouvrage.

— Est-ce comme simple conjecture ou comme opinion positive, que tu nous dis que plusieurs prescriptions de Moïse sont inconciliables avec l'assertion des Talmudistes : qu'une loi orale aurait été donnée à Moïse en même temps que celle qu'il a mise par écrit?

— Je pense que la chose est indubitable, pour tout autre qu'un Talmudiste; et je me fonde sur les versets suivants du Pentateuque :

« Exode chap. XXIV. ỳ. 4. Moïse écrivit toutes les ordon-
« nances (**C o-l-D-i-be-ré**-ÿ = πάντα τὰ ῥήματα = à todas
palabras = **alle Worte** = toutes les paroles) du Seigneur (62)...

ỳ. 7. » Il prit ensuite le livre où l'alliance était écrite et il le
» lut devant le peuple, qui dit après l'avoir entendu : Nous
» ferons tout ce que le Seigneur a dit et nous lui serons obéis-
» sants. »

Deuteronome. Chap. IV. ỳ. 2. « Vous n'ajouterez ni n'ôterez
» rien aux paroles que je vous dis, gardez les commandements
» du Seigneur votre Dieu que je vous annonce de sa part.

Chap. V. ỳ. 52. » Observez donc et exécutez ce que le Sei-

(62) Ce passage, bien que manifestement inconciliable avec l'existence réelle de la *Loi orale* imaginée par les Talmudistes, a été rendu avec fidélité dans les versions israélites faites en Grec par les LXX, en Espagnol par Kimchi, en Allemand par l'Institut biblique (Bibelanstalt), et en Français par Mr Cahen. J'intercalle ici quelques mots du texte hébreu et de ces différentes versions, afin qu'il ne s'élève aucun doute sur ce point.

» gneur Dieu vous a commandé. Vous ne vous détournerez ni à
» droite ni à gauche.

Chap. XII. ⍓. 32. » Faites seulement en l'honneur du Seigneur
» ce que je vous ordonne, sans y rien ajouter ni en rien ôter.

Chap. XVII. ⍓. 18. » Après qu'il sera assis sur le trône, il fera
» transcrire pour soi dans un livre ce Deutéronome et cette loi,
» dont il recevra une copie des mains des prêtres de la tribu
» de Lévi;

⍓. 19. » Il l'aura avec soi, et il la lira tous les jours de sa vie
» pour apprendre à craindre le Seigneur son Dieu, et à garder
» ses paroles et ses cérémonies qui sont prescrites dans la loi.

⍓. 20. » Que son cœur ne s'élève point d'orgueil au-dessus de
» ses frères; et qu'il ne se détourne ni à droite ni à gauche, afin
» qu'il règne longtemps, lui et ses fils, sur le peuple d'Israël.

Chap. XXVIII. ⍓. 13. » Le Seigneur vous mettra à la tête *des*
» *peuples* et non derrière eux ; et vous serez toujours au-dessus,
» loin d'être au-dessous, pourvu néanmoins que vous écoutiez
» les ordonnances du Seigneur votre Dieu, que je vous prescris
» aujourd'hui, que vous les gardiez et les pratiquiez.

⍓. 14. » Sans vous en détourner ni à droite ni à gauche, et
» que vous ne suiviez ni n'adoriez les Dieux étrangers. »

Chap. XXXI. ⍓. 9. « Moïse écrivit donc cette loi, et il la
» donna aux prêtres enfants de Lévi, qui portaient l'arche de
» l'alliance du Seigneur, et à tous les anciens d'Israël.

⍓. 10. » Et il leur donna cet ordre, et leur dit : tous les sept
» ans, lorsque l'année de la remise sera venue, et au temps de
» la fête des Tabernacles,

⍓. 11. » Quand tous les enfants d'Israël s'assembleront pour
» paraître devant le Seigneur votre Dieu au lieu que le Seigneur
» aura choisi, vous lirez les paroles de cette loi devant tout
» Israël qui l'écoutera.

⍓. 24. » Après donc que Moïse eut achevé d'écrire dans un
» livre les ordonnances de cette loi,

ỳ. 25. » Il donna cet ordre aux Lévites qui portaient l'arche
» de l'alliance du Seigneur et leur dit :

ỳ. 26. » Prenez ce livre et mettez-le à côté de l'arche de
» l'alliance du Seigneur votre Dieu, afin qu'il y serve de témoi-
» gnage contre vous. »

En lisant ces passages, on ne peut guères s'empêcher de pré-
sumer que Moïse prévoyait deux catégories de prévarications,
même de la part de ceux qui n'abandonneraient pas complètement l'alliance pour s'adonner au culte des Dieux étrangers. Il
semble prévoir que les uns violeraient la loi en s'abstenant de
se conformer à quelques uns de ses préceptes; et que d'autres
la violeraient en sens contraire, en introduisant des préceptes
nouveaux, ou tout au moins en donnant plus d'extension aux
préceptes légaux. Or l'alliance mosaïque établissait une loi de
stricte observance, qu'on devait respecter scrupuleusement et
dans tous les sens possibles.

Ces prévisions de Moïse se sont réalisées.

Avant la réforme d'Esdras, la loi a été violée de la première
manière : c'est-à-dire par l'inexécution des prescriptions légales;
et c'est un point sur lequel je reviendrai dans un autre entretien.

Depuis Esdras, la loi a surtout été violée de la seconde manière : c'est-à-dire par l'extension des préceptes légaux et par
l'introduction d'obligations nouvelles.

— Mais pour admettre cette assertion, il faudrait commencer
par reconnaitre que la *loi orale* est obligatoire pour les juifs.

— Elle l'est bien certainement pour les sectateurs du Talmud.

D'un côté, M\u02b3 Cahen l'a formellement déclaré dans le passage
dont j'ai donné lecture au commencement de la soirée.

Ensuite, son assertion se trouve en harmonie avec ce que je
lis dans d'autres auteurs.

« ... Les Rabbins (dit Depping) érigeaient tout en précepte
» et en dogme; chaque décision des Docteurs de la loi consignée
» dans le Thalmud devenait obligatoire. L'étude du Thalmud fut
» représentée comme une vertu, une occupation préférable à

» toute autre, et imposée comme un devoir à tout juif, presque
» depuis son enfance. C'en était déjà assez pour égarer les
» esprits et embrouiller la raison. Cependant les livres rédigés
» dans le même sens se multiplièrent. Il parut des *Yalkouts* et
» des *Midraschim* pour expliquer ce que le Thalmud ne parais-
» sait pas encore éclaircir suffisamment..... Ceux qui n'y trou-
» vaient pas assez de mystères donnèrent la préférence au
» *Zohar*, commentaire obscur des cinq livres de Moïse.....
» C'est un livre d'une obscurité rebutante; néanmoins une secte
» juive, celle des Chasidim, regarde comme méritoire de le lire
» sans le comprendre, et même d'y fixer simplement les yeux
» chaque jour..... sans doute peu de familles émigrées s'achemi-
» naient avec cet encombrement de livres mystiques; mais
» presque toutes avaient l'esprit imbu des extravagances enfan-
» tées par les écoles de Sora et de Babylone, et transmettaient
» à leurs enfants l'attachement aux pratiques et aux croyances
» absurdes que les Docteurs de ces écoles avaient érigées en
» dogmes. Le même peuple, qui n'avait pas voulu de maître et
» qui avait laissé détruire Jérusalem plutôt que d'obéir aux
» Romains, porta patiemment, dans son exil, ce joug que les
» Docteurs imposaient à son esprit; il s'était révolté contre les
» Empereurs, il fut l'esclave du Thalmud (63). »

Basnage écrit de son côté (64) : « Ils soutiennent hardiment
» que celui *qui pêche contre Moïse peut être absous, mais qu'on*
» *mérite la mort lorsqu'on contredit les Docteurs*, et qu'on commet
» un péché plus criant en violant les préceptes des sages que
» ceux de la loi. C'est pourquoi ils infligent une peine sale et
» puante à ceux qui ne les observent pas (A). »

A mes conjectures sur l'origine de la *loi orale*, je vais maintenant ajouter l'opinion positive de quelques auteurs connus.

(63) Depping. *Ibidem* pp. 15 et 16.
(64) Basnage-Dupin. *Ibidem*. Liv. 9. ch. 3. N° 12.
(A) Damnantur in stercore bullienti (N° de Basnage)

Le Doyen anglican Prideaux a fait des recherches sur cette *Loi orale*, dans les ouvrages de Buxtorf, de Maimonide, de Schickhard, de Hottinger, de Lightfoot, de Pocock, de David Ganz et de Zacutus. Il a consigné le résultat de ces recherches dans son *Histoire des Juifs*; et ce travail me semble d'autant plus digne d'attention qu'il est cité par l'abbé Bergier (65). J'hésite cependant à donner lecture de la dissertation de Prideaux, parce qu'elle est un peu longue.

— Par contre, elle doit être intéressante.

— Oui; et je puis d'ailleurs n'en lire que les passages les plus importants.

Parlant de l'altération de la loi écrite par les traditions, Prideaux s'exprime en ces termes (66) :

« Cette corruption était montée à un tel point parmi les juifs
» du temps de Notre Seigneur, qu'il leur reproche dans S‍ᵗ Marc.
» VII. 13. *qu'ils ont anéanti la parole de Dieu par leurs tradi-*
» *tions.* Mais c'est bien encore pis aujourd'hui, car ils déclarent
» hautement et sans détour, la préférence qu'ils donnent à la
» dernière (la loi orale).

» En même temps, nous disent-ils, que Dieu donna la loi à
» Moïse sur la montagne de Sinaï, il lui en donna aussi le com-
» mentaire et lui ordonna d'écrire la première; mais de ne
» donner l'autre que de bouche pour être conservée dans la
» mémoire des hommes, et y être transmise d'une génération à
» l'autre par la voie de la tradition, sans écriture; et de là vient
» que l'on appelle la première la loi écrite, et l'autre la loi orale.
» Encore aujourd'hui les juifs traitent les déterminations et les
» décisions de la dernière, de constitutions de Moïse sur le
» mont Sinaï; parce qu'ils croient aussi fermement qu'il les
» y reçut toutes de Dieu, pendant les 40 jours qu'il y conversa
» avec lui, qu'ils croient qu'il y reçut l'écrite, et qu'à son retour

(65) *Encyc. méth.* THÉOLOGIE. Art. *Loi orale.* T. 2. p. 483, et Art. *Talmud.* T. 3. p. 567.
(66) Prideaux. T. 2. pp. 236 === 237 à 239 === 239 à 240 === 241 à 243.

» il rapporta ces deux lois, et les commit aux Israëlites de la
» manière qui suit. Dès qu'il fut de retour dans sa tente, il en-
» voya quérir Aaron, et il lui mit entre les mains le texte qui
» est la loi écrite; ensuite il lui en donna le commentaire de
» vive voix, dans le même ordre qu'il l'avait reçu de Dieu; et
» c'est là la loi orale. Alors Aaron se leva; et s'étant mis à la
» droite de Moïse, on fit entrer Eléazar et Ithamar ses deux fils;
» qui après avoir appris ces deux lois aux pieds du Prophète,
» comme avait fait Aaron, se levèrent aussi à leur tour, et s'al-
» lèrent asseoir l'un à la gauche de Moïse et l'autre à la droite
» d'Aaron. Alors les 70 anciens qui composaient le Sanhédrin,
» ou le grand conseil de la nation, entrèrent; et après avoir été
» instruits des deux lois de la même manière que les précédents,
» ils allèrent aussi s'asseoir dans la tente. Après ceux-ci on fit
» venir tous ceux qui avaient envie de savoir la loi de Dieu; et
» on la leur enseigna de la même manière. Cela fait, Moïse se
» retira; et Aaron répéta l'une et l'autre loi, comme il l'avait
» reçue de lui, et se retira aussi. Puis Eléazar et Ithamar en
» firent autant, et se retirèrent. Après quoi les 70 anciens firent
» la même répétition au peuple qui se trouva présent. De sorte
» que chacun ayant ouï répéter quatre fois ces deux lois, elles
» furent bien gravées dans leur mémoire. Au sortir de là, ils se
» dispersèrent parmi le peuple; et communiquèrent à tous les
» Israëlites ce qu'ils avaient appris du Prophète de Dieu. Ils
» écrivirent le texte; mais pour l'explication, ou le commen-
» taire, ils ne le donnèrent aux générations suivantes que de
» bouche. »

Prideaux nous apprend encore ce que les Israëlites rapportent concernant les dernières instructions de Moïse et la trans-
mission de la *loi orale* après le décès du Prophète-législateur.
« Ils ajoutent (dit-il)..... qu'ensuite, après avoir encore répété
» la loi orale à Josué son successeur, il monta le septième (jour),
» sur la montagne de Nebo, et y mourut. Qu'après sa mort,
» Josué la transmit aux anciens qui lui succédèrent; et ceux-ci

» aux Prophètes ; et les Prophètes de l'un à l'autre jusqu'à Jéré-
» mie, qui la délivra à Baruch ; et Baruch à Esdras, qui la donna
» aux membres de la grande synagogue, dont le dernier fut
» Simon le juste. Que ce dernier la mit entre les mains d'Anti-
» gone de Socho ; de qui elle passa à José le fils de Jochanan ;
» et de lui à José le fils de Joëzer ; de là à Nathan l'Arbelite et
» à Josué le fils de Perachiah : de ceux-ci à Juda le fils de
» Tabbai et à Siméon le fils de Shetah ; de là à Shemaiah et à
» Abtalion ; de ces deux à Hillel ; et d'Hillel à Siméon son fils,
» que l'on croit être celui qui prit l'enfant Jésus entre ses bras,
» quand on le présenta à Dieu dans le temple à la purification
» de la Vierge sa mère ; que de Siméon elle fut transmise à
» Gamaliel son fils, celui aux pieds de qui St Paul fut élevé ; et
» de celui-ci à Siméon son fils, qui la laissa à son fils Gamaliel ;
» et ce dernier à son fils Siméon ; de qui elle passa à Rabbi
» Judah Haccadosh son fils, qui l'écrivit dans le livre qu'on
» appelle la Misna.....

    » Voici ce qu'il y a de vrai. Après la mort de Siméon le
» juste (292. A), il s'éleva une espèce de gens qu'on appelle les
» Tannaïm, ou les Docteurs de la Misna, qui étudièrent les tra-
» ditions qui avaient été reçues et approuvées par Esdras et par
» la grande Synagogue ; et qui les amplifièrent par des consé-
» quences et des raisonnements qu'ils entèrent ensuite, dans le
» corps même de ces traditions, comme si elles eussent été
» aussi authentiques que les premières. Leur exemple ayant été
» suivi par ceux qui leur succédèrent dans cette profession, le
» corps de traditions qu'ils avaient reçu de leurs prédécesseurs
» se grossissait continuellement de leurs imaginations, à me-
» sure que ces traditions s'éloignaient de leur source ; ce qui
» continua jusques vers le milieu du second siècle, sous l'em-
» pire d'Antonin le Pieux, qu'on se trouva enfin obligé d'écrire
» ces traditions. Le nombre en était devenu si grand, et l'amas
» en était si prodigieux, que la mémoire ne pouvait plus les
» retenir. Outre cela, dans leur nouvelle calamité sous Adrien,

» ils venaient tout fraichement de perdre la plus grande partie
» de leurs savants ; leurs écoles les plus considérables étaient
» détruites ; et presque tous les habitants de la Judée se trou-
» vaient alors dispersés ; de sorte que la voie ordinaire dont se
» conservaient ces traditions était devenue presque impratica-
» ble, et on appréhenda que dans la confusion où était leur
» nation, elles ne vinssent à s'oublier et à se perdre ; ainsi on
» résolut d'en faire un recueil.

» Rabbi Juda fils de Siméon (150. J), pour la sainteté de sa vie
» surnommé *Haccadosh* ou *le Saint,* qui était recteur de l'école
» qu'ils avaient à Tiberias en Galilée, et président du Sanhédrin
» qui s'y tenait alors, fut celui qui se chargea de cet ouvrage,
» et en fit la compilation en six livres, dont chacun contient
» plusieurs traités. Il y en a 65 en tout. Il rangea fort métho-
» diquement sous ces 65 chefs tout ce que la tradition de leurs
» ancêtres leur avait transmis jusques là sur la religion et sur
» la loi. Voilà ce qu'on appelle la Misna.

» Ce livre fut reçu dès qu'il parut avec toute la vénération
» possible dans tous les lieux de leur dispersion : et continue
» encore aujourd'hui à y être fort estimé : car ils croient qu'il ne
» contient rien qui n'ait été dicté par Dieu lui-même à Moïse sur
» le mont Sinaï, aussi bien que la loi écrite ; et que par consé-
» quent il est d'autorité divine et obligatoire tout comme l'autre.
» D'abord donc qu'il parut, tous leurs savants de profession en
» firent le sujet de leurs études ; et les principaux d'entre eux
» tant en Judée qu'en Babylonie se mirent à travailler à le com-
» menter. Ce sont ces commentaires qui, avec le texte même ou
» la Misna, composent leurs deux Talmuds, c'est-à-dire celui
» de Jérusalem et celui de Babylone. Ils appellent ces commen-
» taires *la Gemare* ou *le supplément ;* parce qu'avec eux la Misna
» se trouve avoir tous les éclaircissements nécessaires ; et le
» corps de la doctrine traditionnelle de leur loi et de leur reli-
» gion, est par là complet. La Misna est le texte et la Gemare le
» commentaire ; et les deux ensemble sont le Talmud. Celui qui

» fut composé en Judée s'appelle le Talmud de Jérusalem; et
» l'autre fait en Babylonie, le Talmud de Babylone. Le premier
» fut achevé environ l'an 500 et fait un bon *in-folio*. Il a été im-
» primé. Le second ne parut que 200 ans après, vers le com-
» mencement du VIme siècle; il a été aussi imprimé plusieurs
» fois. La dernière édition est celle d'Amsterdam qui est de
» douze volumes *in-folio*.

 » Ces deux Talmuds, qui étouffent la loi et les prophètes con-
» tiennent toute la religion des juifs telle qu'ils la croient et qu'ils
» la professent à présent. Celui de Babylone est le plus suivi :
» l'autre, à cause de son obscurité et de la difficulté qu'il y a à
» l'entendre, est fort négligé parmi eux. »

Le savant Bullet parle de la Misnah dans le même sens que
Prideaux (67); mais il nous fait de plus connaître un fait intéres-
sant qu'il rapporte en ces termes : « Cependant Judas le Saint
» avait à peine achevé cet ouvrage, qu'un Rabbin publia, sous
» ses yeux et pendant sa vie, des traditions toutes différentes,
» et parmi lesquelles il y en a qui sont même contraires. On en
» fit un recueil sous le nom d'*extravagantes*, et on les inséra
» avec la *Misnah*, pour faire un même corps de droit, dans le-
» quel, par ce moyen, on voit des décisions opposées. »

— Des décisions opposées, s'écria Gustave, dans la loi orale,
donnée à Moïse sur le mont Sinaï, transmise à Aaron, à ses fils
et aux anciens, dans la tente du Prophète-législateur trans-
formée en salle d'école !

— Oui, mon cher; et Bullet n'est pas le seul auteur qui nous
le dise. Je lis, en effet, dans Basnage, au sujet du Talmud (68) :
« On y trouve des contradictions sensibles; et au lieu de se
» donner la peine de les lever, ils font intervenir une voix mira-
» culeuse du Ciel qui crie que *l'une et l'autre*, quoique directe-
» ment opposées, *vient du Ciel*. » D'un autre côté, Depping

(67) *Réponses critiques.* T. 2. p. 406.
(68) Basnage-Dupin. Ibid. L. 9. ch. 3. N° 12. p. 263; et Bullet. Ibid. p. 408.

écrit (69) : « Ensuite il règne des contradictions entre les pré-
» ceptes de la Mischna et ceux de la Gemare ; la Mischna elle-
» même rapporte, comme nous avons vu, des décisions qui se
» contredisent. »

— Il faut être Juif à 24 carats pour ajouter foi à des choses
pareilles.

— Au dire de Basnage (70), voici comment le Thalmud à été
apprécié : « On a porté quatre jugements différents sur le Thal-
» mud, c'est-à-dire, sur ce corps de droit et de tradition. Les
» juifs l'égalent à la loi de Dieu. Quelques chrétiens l'estiment
» avec excès. Les troisièmes le condamnent au feu comme un
» livre détestable, et les derniers gardent un juste milieu entre
» tous ces sentiments. »

— Je ne me range pas, dit Victor, du côté de ceux qui condamnent si sévèrement le Talmud ; parce que je sais pertinem-
ment qu'il s'y trouve des choses dignes d'éloge.

— Un livre est condamné, non pas à cause de l'absence du bien,
mais à cause de la présence du mal. Tout condamné qu'il est,
le Talmud peut donc contenir de très-bons passages ; et j'ajoute
que rien n'est même plus probable, car un ouvrage religieux en
12 volumes in-folio, entouré du respect de plusieurs millions
d'individus, ne doit pas être mauvais d'un bout à l'autre.

Quoi qu'il en soit, comme aucun de nous n'a lu le Talmud, je
te prie de nous apprendre ce que tu peux dire pour sa défense.

— M⁣ le professeur Thonissen a communiqué, le 5 Novembre 1866, à l'académie royale de Bruxelles, un travail intitulé :
La peine de mort dans le Talmud. J'y ai remarqué les lignes suivantes (71) : « Toutes les exécutions capitales étaient précédées
» et suivies de formalités minutieuses, qui attestaient, à côté
» d'un profond respect de la vie de l'homme, un désir vif et
» constant d'éviter les erreurs judiciaires. » Et cette apprécia-

<hr>

(69) Depping. Ibid. (introd. p. 14.)
(70) Basnage-Dupin. Ibidem, même N⁣ 12. p. 261.
(71) Moniteur belge du 9 Novembre 1866. p. 6091.

tion de Mr Thonissen est pleinement justifiées par les détails qu'il fournit à ce sujet.

Je pense qu'il n'y a personne au monde qui puisse refuser son approbation à des prescriptions de cette nature.

— Je suis de ton avis sur ce point; mais cela ne doit pas m'empêcher de tenir compte du blâme jeté sur l'ensemble de cet ouvrage indigeste.

L'Abbé Bergier s'exprime à peu près comme le Doyen Prideaux, au sujet du Talmud (72) : il le considère aussi « comme » un amas de fables, de rêveries et de puérilités, sous lequel » les juifs ont étouffé la loi et les prophètes et pour lequel les » juifs caraïtes ont beaucoup de mépris. »

Dans une note sur St Matthieu. XXI. 43, Grotius fait observer (73) que la plus éclatante de toutes les punitions infligées à la nation des juifs consiste non-seulement en ce que depuis le rejet du Christ, ils sont complétement privés du don de prophétie, mais en ce que de plus toute la science qu'ils pouvaient acquérir par des moyens humains s'est convertie en fables dégoutantes, que le Thalmud a recueillies en masse; fables de telle nature que celui qui les croit doit être considéré comme privé non-seule-

---

(72) *Encyc. méthodique*. THÉOLOGIE, art. *Talmud*. T. 3. p. 567.

(73) Van Limborch. *De veritate religionis christianæ, amica collatio cum erudito Judæo*. p. 160 (Gouda 1687.)

Quelques lignes avant de transcrire le passage latin de Grotius, le calviniste Van Limborch, fidèle à l'habitude de ses co-religionnaires d'alors, a cru pouvoir mettre sur la même ligne, les fables du Talmud et ce qu'il appelle *les faux miracles des Papistes*. Ce n'est pas le moment d'écrire une dissertation sur des préjugés tant de fois combattus, par des auteurs plus compétents que moi; mais l'observation suivante peut avoir de l'utilité pour quelques-uns de mes lecteurs.

Les catholiques et les calvinistes sont d'accord pour affirmer qu'il y a eu de VRAIS miracles; les catholiques et les calvinistes reconnaissent, les uns et les autres, qu'on en a publié des FAUX; la controverse ne porte que sur le point de savoir ce qu'il faut admettre et ce qu'il faut rejeter.

Van Limborch se figurait, et quelques-uns de ses co-religionnaires se figurent peut-être encore aujourd'hui, que les catholiques sont tout disposés à croire à la réalité d'un miracle quelconque. C'est une grave erreur; car le clergé catholique

ment de l'esprit divin, mais encore en grande partie du sens commun.

Pour terminer mes citations par un auteur du XIXme siècle, je lis ce qui suit dans Depping (74) :

« L'histoire du Thalmud est une preuve déplorable des égare-
» ments de l'esprit humain. Les choses les plus simples deve-
» naient pour les Docteurs de la loi des sujets d'arguties : Ils
» cherchaient des mystères dans les phrases les plus claires, les
» plus insignifiantes ; ils se livraient aux conjectures les plus
» extravagantes ; enfin leur déraison allait jusqu'à soutenir que
» chaque passage de la Bible était susceptible de soixante dix et
» même de six cent mille explications différentes. Aussi ne se
» faisaient-ils pas faute de les multiplier..... au milieu de cette
» fureur de commenter, d'expliquer, d'interpréter, on oublia
» presque la Bible ; du moins finit-on par élever le Talmud aussi
» haut que la loi de Moïse ; quelquefois même on osait assigner
» au Thalmud le premier rang. »

Je ferme Depping pour appeler l'attention de mon auditoire sur le double résultat produit par l'enseignement dogmatique des prétendues *Traditions des anciens*, transformées en *Loi orale* et recueillies enfin dans le *Talmud*, après avoir été considérablement augmentées.

---

travaille très-activement à séparer la vérité, de la fiction. Tel est notamment l'objet des immenses travaux des Bollandistes, qui se continuent toujours et même sous nos yeux. Il y a encore, sur cette matière, des observations fort intéressantes, tant dans le *Catéchisme philosophique* (Tournai 1829) de l'abbé Feller (question 531, où il rappelle les travaux du Cardinal Bellarmin), que dans les articles *Bollandistes*, *Légendaires*, *Légende* de l'abbé Bergier (Dictionnaire de THÉOLOGIE de l'*Encyclopédie méthodique*).

J'ai rappelé précédemment (*La foi, etc.* pp. 491 et 494), que le clergé cathoque s'est empressé de démasquer la fraude de la *prophétie d'Orval* et du miracle, du portrait de la Ste Vierge *qui répandait des larmes de sang*. Aujourd'hui, je puis ajouter que, par lettre du 6 Décembre 1866, l'Archevêché de Paris vient de blâmer publiquement deux journaux, pour l'insertion de la relation d'une prétendue *Guérison miraculeuse*, qu'il n'était point permis de représenter comme telle (Moniteur belge du 9 Décembre 1866. p. 6642).

(74) Depping. Ibidem. (introd. p. 14).

— Ce résultat n'est pas difficile à deviner. L'enseignement dogmatique de toutes ces belles choses devait produire l'aveuglement intellectuel des juifs.

— Oui ; et de plus la substitution d'un étroit *formalisme*, à ce que la morale religieuse a de plus élevé.

— Je ne sais ce que tu entends par *formalisme*.

— Je l'expliquerai ; mais je commence par l'aveuglement intellectuel.

CHAPITRE V.

—

ILLUSIONS.

Deuteronome. XXVIII. 28. Le Seigneur vous frappera de frénésie, d'aveuglement (amentia et cæcitate) et de fureur (75).

Après avoir obtenu du Sénat romain la couronne de la Judée, l'usurpateur Hérode mit le siége devant Jérusalem qui ne fut prise qu'après une défense opiniâtre de plus de six mois. A l'exception de Pollion et de Sameas (76), tous les membres du Sanhédrin s'étaient déclarés contre Hérode, en s'abandonnant à des illusions fondées sur la base la plus chimérique. Voici comment Prideaux rapporte cet état des choses (77) : « Tous les mem-
» bres du Sanhédrin se trouvèrent de ce nombre ; il les fit tous
» mourir, à la réserve de Pollion et de Sameas, qui pendant tout
» le siége avaient toujours déclaré, qu'il fallait recevoir Hérode
» pour Roi et lui rendre la ville : en représentant au peuple,
» que les péchés de la nation étaient montés à un comble qui
» obligeait Dieu à les livrer entre les mains de cet homme, pour
» les punir et qu'ainsi tous leurs efforts pour l'empêcher seraient
» inutiles ; mais le reste du Sanhédrin s'opposait à cet avis de

(75) Suivant Menochius et d'autres, il s'agit ici de troubles de l'intelligence. TEXTE de Menochius : « *amentia et cæcitate. Cæcitate mentis.* »

Une note de Mr Cahen sur ce verset prouve qu'il l'entend aussi des troubles de l'intelligence.

(76) Ces deux Docteurs figurent dans le Talmud, sous les noms de *Hillel* et de *Schammaï*.

(77) Prideaux. Ibidem. Liv. XVI. (T. 6. p. 2.)

» toute sa force ; et criait : *Le Temple de l'Eternel ! Le Temple de*
» *l'Eternel !* Comme si pour l'amour de ce temple, Dieu eût dû
» certainement protéger la ville et la garantir des maux dont
» elle était visiblement menacée ; sans autre fondement que cette
» vision, ils mettaient tout en œuvre pour animer le peuple à se
» défendre avec la dernière opiniâtreté ; et de là vint la lon-
» gueur du siège. »

Me transportant maintenant à une époque postérieure, j'ouvre
Döllinger et j'y trouve des détails sur les illusions des juifs
avant, pendant et après le siége de Jérusalem par Titus. J'en
lirai quelques lignes (78).

Après avoir rappelé les espérances brillantes que les Israélites
fondaient sur les prophéties messianiques, l'auteur continue
ainsi :

« 62. Ils se jetaient avidement sur ces promesses, s'enivraient
» à cette coupe enchanteresse, et ne considérant que ce qui
» flattait leurs désirs et leur orgueil national, ils oubliaient à
» quelles conditions était subordonné l'accomplissement de ces
» oracles. Pour cela, disaient les Docteurs, il ne fallait qu'ob-
» server exactement les prescriptions légales, et ce témoignage,
» le peuple croyait se le rendre. Cette fidélité nationale lui avait
» donné un droit aux faveurs de Dieu et surtout à la plus signalée
» de toutes, l'accomplissement des prophéties messianiques. De
» plus, il avait hérité des mérites des Patriarches. »

« 65. Un grand nombre croyait que le glaive une fois tiré,
» la nation engagée dans une dernière lutte contre les Romains,
» le Temple et la ville menacés de la destruction, le Messie
» paraîtrait infailliblement pour sauver et venger son peuple.
» Jérusalem, déjà assiégée, conservait encore cet espoir.... »

— Mais après la prise de Jérusalem par Titus, l'incendie de
son temple, la dispersion de ses habitants, toutes ces belles
espérances devaient s'évanouir. La conservation de ces illusions
n'aurait été qu'un stupide anachronisme.

(78) Döllinger. Ibidem. (Liv. X. Nᵒˢ 62, 65, 227, 228).

— Anachronisme tant que tu voudras. Mais il est certain que les illusions n'ont pas été détruites en même temps que le Temple. Si tu veux me laisser continuer ma lecture, les lignes suivantes vont te le prouver :

« 227. Israël était désormais *sans Roi, sans Prince, sans Sa-* » *crifice, sans autel, sans Ephod et sans temple.* Le culte divin, » inséparablement lié au temple, était devenu impossible. Car » les Rabbins enseignaient unanimement que, depuis la dédicace » du temple de Salomon, le culte privé était contraire à la loi.... » On résolut donc de remplacer, par la prière, les sacrifices » devenus impossibles ; la littérature talmudique appliqua à la » prière les dénominations empruntées aux sacrifices. L'Etude, » l'interprétation des prescriptions relatives au temple et aux » sacrifices compensaient surtout l'interruption du culte, qui al- » lait d'ailleurs être prochainement rétabli. Car peuple et scribes » s'abandonnaient à la douce confiance de voir bientôt le temple » sortir miraculeusement de ses ruines. Dieu ne pouvait pas » laisser toujours dans cet état l'unique sanctuaire qu'il avait » sur la terre.... Les juifs attendaient pour ainsi dire de minute » en minute la restauration du temple. Moïse et Marie n'avaient- » ils pas dit, dans leur chant de triomphe, que la montagne du » temple est l'héritage où Dieu a établi sa demeure, où sa main » a préparé le sanctuaire (A) ; cette main ne le relèverait-elle » pas ? Elle le devait, disaient les juifs ; car immédiatement » après, le texte sacré dit : *Le Seigneur régnera dans l'Eternité* » *et au delà.* »

« 228. Ainsi, défense fut faite au prêtre de boire du vin le » jour où il aurait dû, d'après les réglements existants, officier » dans le temple (B) ; car le prodige de la restauration pouvait » arriver ce jour là même et alors la loi exigeait que le prêtre » fût à jeun..... »

— Des gens capables de s'abstenir d'aliments afin que la *ré-*

(A) Exod. XV. 17. (note de Döll.)
(B) Friedman en Orient. 1849, p. 549. (note de Döll.)

surrection instantanée d'un temple les trouve à jeun, me semblent disposés à tout croire et à tout entreprendre.

— Cette crédulité excessive n'était pas de nature à se prolonger indéfiniment et il fallut bien finir par lui faire subir une modification. « .... Après une longue et infructueuse attente » (continue Döllinger) on s'habitua en quelque sorte à la situa- » tion et l'on plaça la merveilleuse réapparition du temple dans » une période messianique plus reculée; alors seulement, les » Docteurs de la loi permirent, à ceux qui étaient de race sacer- » dotale, de boire du vin ce jour là. »

— Des illusions aussi extravagantes auront été définitivement abandonnées depuis bien longtemps. Quelques siècles de dispersion générale auront suffi pour remplacer, par de simples regrets, l'espérance de voir apparaître de nouveau le fameux temple de Jérusalem.

— Il est permis d'en douter. Ces illusions sont même consacrées par une prière, que les juifs récitaient au XVIme siècle, et qui n'est peut-être pas encore tombée en désuétude aujourd'hui. L'aîné des Buxtorf l'a extraite du livre *Birchas Hammason* et recueillie dans sa *Synagoga judaïca ;* le professeur Wagenseil en a donné le texte hébreu, avec une traduction allemande dont je vais lire le passage principal. Passage, qui s'y trouve répété au commencement, à la fin et encore au milieu, et qui demande à Dieu Tout-Puissant qu'il bâtisse son temple du vivant des suppliants (79) : « *Almachtiger Gott nun bau dein Tempel Schira;* » *also Schir, und also bald in unsern Tagen Schira.* »

— Ce temple, pour l'apparition duquel on priait au XVIme siècle, était-il celui de Zorobabel, tombant du ciel ou surgissant miraculeusement du sommet de la montagne sainte?

— La prière ne s'explique pas sur ce point; mais comme elle supplie le Dieu Tout-Puissant de *bâtir son temple*, il est permis de supposer qu'on comptait encore toujours sur l'intervention miraculeuse de la Divinité.

(79) *Tela ignea Satanæ.* T. 1. p. 381. (Altdorf 1681).

Au XVIIme siècle, le juif Orobio s'attendait encore à l'édification d'un temple entièrement conforme, pour l'architecture et pour les dimensions, à celui décrit dans les derniers chapitres du Prophète Ezechiel (80).

— Ce n'était peut-être qu'une simple espérance patriotique entretenue par l'orgueil national.

— Je ne veux pas élever de discussion à ce sujet. Mais si l'on peut ne pas voir de l'extravagance dans cette attente d'Orobio, on doit admettre alors qu'il se fait étrangement illusion sur la destination qu'il attribue à l'édifice attendu : car les dimensions d'Ezechiel, prises à la lettre, sont manifestement insuffisantes pour cette destination imaginaire, qui consiste à servir périodiquement de lieu de sacrifice à l'usage de tous les peuples de la terre.

— Orobio pousse-t-il sa rêverie jusques-là?

— Tu vas en juger, par ce qu'il a consigné dans le second des écrits qu'il a fait parvenir à Van Limborch.

Celui-ci lui avait demandé si, lors de l'avénement du Messie que les Israélites attendent encore, les chrétiens d'origine israélite, qui rejetteraient ce Messie, seraient privés des bienfaits que répandrait ce personnage? Tout en répondant à cette question, Orobio décrit ce qui aura lieu à cette époque.

Il met, sur la même ligne, les chrétiens d'origine juive et les gentils. Il divise les uns et les autres en deux classes : les impies qui s'opposeront à la rédemption d'Israël; et les gens pieux, adorateurs du vrai Dieu, qui favoriseront cette rédemption. Il enseigne que les premiers se perdront de la manière la plus complète, non pas pour avoir rejeté le Messie, mais pour avoir désobéi à Dieu et commis d'autres crimes; tandis que les seconds participeront aux avantages de la rédemption, quelle

(80) Van Limborch. Ibidem. p. 13. TEXTE D'OROBIO. « Templum illud ab Eze-
» chiele depictum cum suis porticis et mensuris, aliquando realiter construetur. »
Voir, pour les autres passages cités, les pp. 12, 13, 106, 107, du même ouvrage.

que soit leur origine. « Leurs cœurs (dit-il) seront circoncis tout
» comme ceux d'Israël, afin qu'ils aiment le Seigneur leur Dieu,
» de tout leur cœur et de toute leur âme et qu'ils vivent tous
» dans l'abondance de la grâce divine : Ils se rendront de Sabat
» en Sabat, d'année en année à Jérusalem, pour y adorer le
» Dieu fort de Jacob, et y offrir des sacrifices pendant la fête
» des tabernacles : s'ils n'y viennent pas, ils seront punis sui-
» vant les menaces de Dieu clairement formulées par les Pro-
» phètes. »

Orobio s'occupe ensuite de la rédemption. Suivant lui, elle
sera l'œuvre directe de Dieu et non pas celle du Messie, qui
n'ira point parcourir toutes les contrées de la terre pour délivrer
les Israélites et les ramener à sa suite. Mais le peuple juif, miraculeusement averti par Dieu, viendra de tous les lieux où il est
dispersé, à la recherche du Seigneur et de son Roi David.
A cette fin, Dieu fera, dans tous ces lieux et en faveur de l'un
ou de l'autre des enfants d'Israël, des prodiges, plus merveilleux
encore que ceux opérés en Egypte; prodiges qui auront pour
résultat la délivrance de la servitude et la glorification du peuple
captif.

Quant au Messie, Orobio dit : qu'en sa qualité de Roi très-
saint, il sera le chef des rédempteurs; qu'il accueillera, gouver-
nera et jugera, en bon Pasteur, le peuple qui viendra vers lui;
que, par sa doctrine et son exemple, il exhortera ce peuple à
mener une vie très-sainte; qu'il occupera le trône de son père
David et fera périr tous les méchants, aussi bien ceux des gentils que ceux d'Israël; et que tous les rois et toutes les nations
lui obéiront avec amour. L'auteur ajoute que le Messie ne sera
cependant pas investi d'un Empire terrestre, comme Alexandre
et comme Jules César; mais qu'il maintiendra toutes les nations
dans l'amour et la crainte de Dieu, par la puissance d'une vertu
divine que Dieu lui aura accordée; de telle sorte qu'il n'y aura
désormais plus de rivalité, plus de dissensions, plus de diversité
de sectes, plus de guerres; et qu'une paix perpétuelle régnera

jusqu'aux extrémités de la terre. « Tout Israël déjà sanctifié
» (dit-il) sera un royaume de Prêtres pour tous les peuples.
» Alors le Dieu d'Israël régnera seul dans son monde qu'il a
» créé, et il se montrera tellement miséricordieux envers le
» genre humain que celui-ci ne sera désormais plus la proie du
» démon. »

— Voilà des illusions bien conditionnées, s'écria Théodore, et
des miracles futurs en masse : circoncision de tous les cœurs
pieux de la terre entière! Abondance de la grâce divine répandue sur presque tout le monde! Pélérinages périodiques de tous
les peuples, et par conséquent aussi des Lapons et des Patagons
qui passeront probablement leur vie sur la route de Jérusalem!
Prodiges plus merveilleux encore que ceux de l'Egypte, opérés
dans tous les coins du monde en faveur d'un nombre indéter-
miné de petits Moïses futurs! Transformation de tous les juifs
en Prêtres officiant à l'usage de tous les peuples de la terre!
Rien ne manque à la mise en scène!

— Répondant à la question de savoir si le chrétien converti
au judaïsme peut acquérir le même degré de gloire que les
Israélites, Orobio fait une distinction. En ce qui concerne la
grâce de Dieu, il admet la possibilité qu'un chrétien converti ou
un gentil soit favorisé d'un degré plus éminent de grâce que les
juifs. Mais quant aux honneurs terrestres, l'auteur soutient que les
Israélites auront, dans le royaume messianique, la prééminence
sur les chrétiens et autres sectaires convertis, tout comme sur
les autres nations ramenées à Dieu. Tous ceux-ci n'obtiendront,
d'après lui, qu'une position très inférieure à celle des Israélites.

— Ainsi, la volonté du Créateur de l'Univers serait qu'un jour
tous les hommes de la terre auraient à s'incliner devant la
famille juive! Et ce serait sans doute pour arriver à cette glorification suprême des juifs, que le monde serait émerveillé par
des prodiges nouveaux et que le royaume du Messie serait
fondé!... Qu'on me passe ici une exclamation en style biblique;
qu'on me permette de m'écrier : Illusion des Illusions! Tout
n'est qu'Illusion!

— Réserve ton exclamation pour des illusions plus inconce-
vables encore.

J'ouvre Basnage, et j'y lis au sujet du Talmud (81).

« On y conte que Dieu, afin de passer le temps avant la créa-
» tion de l'Univers, où il était seul, s'occupait à bâtir divers
» mondes qu'il détruisait aussitôt, jusqu'à ce que par différents
» essais il eut appris à en faire un aussi parfait que le nôtre..... »

— Le Créateur Tout-Puissant qui s'exerce à créer!

— Le FIAT LUX aura paru trop simple à ces maîtres d'école.
Mais ce n'est pas tout. Je lis un peu plus loin : « Que Dieu, en
» formant l'Univers, laissa un trou du côté du Septentrion qu'il
» ne put jamais fermer, et qu'il s'en consola, parce qu'il dit,
» que si quelqu'un se présentait jamais pour soutenir qu'il était
» Dieu, il l'obligerait à refermer cette ouverture, et qu'il lui don-
» nerait cet ouvrage à faire comme un essai de sa puissance et
» de sa divinité. »

— Un univers troué! C'est encore un essai à recommencer!

— Si l'on se demande quel a été le but du Créateur de cet
Univers incomplet, objet de tant d'essais infructueux, le Talmud
s'empresse de répondre que c'est en vue des juifs que le monde
a été créé.

— Un tel excès d'orgueil est incroyable.

— Approche-toi de moi et jette les yeux sur le passage suivant, que je te montre dans le IXme volume de la Bible de
Mr Cahen (82) :

(81) Basnage-Dupin. Ibidem. T. 6. pp. 262 == 268.

Basnage rapporte le second de ces récits talmudiques, pour nous apprendre comment ceux des chrétiens qui estiment le Talmud cherchent à le justifier. D'après
l'auteur, l'un de ces chrétiens considère le récit comme une preuve de la divinité
du Messie, et raisonne ainsi : « Le trou qui est au Septentrion signifie l'idolâtrie.
» Le mal vient de l'Aquilon, il fallait un Dieu pour l'abolir. C'est ce que JÉSUS-
» CHRIST a fait, et il a prouvé par là sa divinité. »

S'il est permis à tout admirateur du Talmud de proposer de pareilles justifica-
tions, il nous est également permis de ne pas les accepter.

(82) Bible hebraïco-française. T. IX (1838). p. 66.

« Cette haute opinion de nous-mêmes n'est nulle part accusée
» avec autant de naïveté que dans cette proposition du Talmud

אין העולם נברא אלא בשביל ישראל

» L'univers n'a été créé que pour les Israélites. »

— C'est du délire!

— Pour arriver promptement au *Formalisme* des juifs, je
cesse de m'occuper de leurs illusions, en renvoyant mon auditoire à Wagenseil (83) pour d'autres rêveries également enfan-
tées par un aveuglement orgueilleux, qui serait inexplicable s'il
n'avait été prédit (84).

— Nous arrivons aux prophéties!

— Pas encore aujourd'hui; mais nous nous en occuperons
dans notre première entrevue. Tu peux te préparer pour cette
nouvelle discussion.

(83) *Tela ignea satanæ.* T. 1. pp. 181 à 188.

L'auteur y reproduit des textes hébreux, extraits des chapitres suivants du
Talmud :

        Chapitre *Berachot*. fol. 3. a === fol. 7 a === fol. 59. a.

           Bava Batra. fol. 74. a.

           Chagiga..... fol. 5. b.

Il y reproduit de plus d'autres textes, extraits de *En Jacob*, de *Midrasch
Chumasch* et d'*Echa Rabbati*.

Tous les passages rapportés tendent, non-seulement à élever les Israélites
au-dessus de tout le reste du genre humain, mais encore à rabaisser autant que
possible le Créateur Tout-Puissant de l'Univers, jusqu'au niveau des Juifs.

(84) L'orgueil national, plus ou moins empreint d'extravagance, est un défaut
qu'on peut reprocher à tous les peuples de l'antiquité, et dont les modernes ne sont
pas complétement exempts. Mais, pour exalter sa nationalité, aucun d'eux, que je
sache, ne s'est permis de rabaisser aussi ridiculement l'Etre Suprême que le fait
le Talmud.

Il y a eu des rêveurs dans tous les temps; et il y en aura probablement toujours. On en compte aussi quelques-uns parmi les chrétiens; mais leurs rêveries
n'ont jamais été transformées en articles de foi, comme celles insérées dans le
Talmud. (Voir, sur ce point, les articles des abbés Bergier et Feller, indiqués dans
ma note 73 ci-dessus).

CHAPITRE VI.

—

FORMALISME.

> St Marc. VII. 6. Il leur répondit :
> Isaïe a bien prophétisé de vous autres hy-
> pocrites, selon ce qui est écrit : ce peuple
> m'honore des lèvres ; mais leur cœur est
> bien éloigné de moi.
> 7. Et c'est en vain qu'ils m'honorent,
> puisqu'ils enseignent des maximes et des
> ordonnances humaines.

Vous comprendrez tous que les vues étroites et mesquines des Docteurs de la loi, des scribes, des pharisiens n'étaient guères susceptibles de s'harmoniser avec l'œuvre, étrange peut-être à vos yeux, mais cependant grandiose, que Moïse a consignée par écrit dans le Pentateuque. Du moment que d'orgueilleux Docteurs se sont placés à côté de la majestueuse figure du Prophète-législateur, en cherchant même à se substituer à celle-ci ; du moment que leurs prescriptions puérilement minutieuses se sont mêlées aux préceptes mosaïques, en affectant même de les primer ; du moment qu'on a fait respecter la prétendue *loi orale* autant ou même plus que la loi écrite ; l'esprit tout spécial de celle-ci s'est perdu peu à peu, pour faire place à cet esprit de discipline scolaire qui règne ordinairement dans une classe bien réglée, et le *mosaïsme* s'est transformé peu à peu en ce que j'appellerais volontiers *Pharisaïsme* et *Rabbinisme*, si je ne trouvais dans les auteurs l'expression plus générale de *formalisme*, également bien appropriée à la circonstance.

Vous ne serez donc pas surpris de ce que je vais vous lire dans Döllinger et dans Michel Nicolas.

Voici d'abord un passage du premier de ces auteurs (85) :

« 67. D'un autre côté, cet attachement à la loi, poussé jusqu'au
» fanatisme, pesait sur la nation comme une terrible malédic-
» tion et la rendait incapable de toute grandeur intellectuelle,
» insensible à tout ce qui s'élevait au-dessus de l'horizon étroit
» de ses préjugés nationaux et légaux. Car le juif s'acharnait en
» définitive au squelette d'une loi, donnée en grande partie pour
» d'autres circonstances et d'autres hommes ; les Scribes avaient
» fait ce qui était en eux pour chasser de ce squelette l'esprit et
» la vie. Se placer exclusivement au point de vue légal, c'est
» ouvrir la voie à une interprétation, étroite et fanatique, qui
» rapetisse ce qu'il y a d'important, pour exagérer des détails
» et en faire un filet dont les mailles enserrent fatalement toute
» l'existence. Ce fut ainsi que sous les mains des Pharisiens, la
» plupart des traditions légales étaient devenues comme une
» écorce très-épaisse, à travers laquelle il était impossible de
» reconnaitre le noyau de la loi primitive. Le juif en était venu
» à n'accepter pour règle de sa conduite que des prescriptions
» et des défenses formelles et spéciales; sa conscience était
» muette, là où une loi concrète n'était pas appliquée au cas
» présent par les Scribes. Il se laissait guider, non par un sen-
» timent moral, calme et fondé sur des principes généraux, mais
» par la lettre d'une disposition isolée, et le principe de l'obéis-
» sance était plutôt affaibli qu'affermi par la multitude et la
» difficulté des prescriptions. »

Je lis ensuite dans Michel Nicolas (86) :

« ..... les Pharisiens furent les continuateurs de l'œuvre
» d'Esdras et de Néhémie. En commentant la loi pour l'appli-
» quer aux formes nouvelles de la vie sociale, ils créèrent cette
» tradition orale qui s'étendit peu à peu et qui fut plus tard
» recueillie dans le Talmud. Par la marche même des choses, la
» religion mosaïque, qui était en même temps une législation,

(85) Döllinger. Ibidem. N° 67. pag. 161.
(86) Michel Nicolas. *Doctrines religieuses des juifs.* pag. 75 à 77, 115 et 379.

» devint entre leurs mains un amas de préceptes qui, enchainant
» chaque acte de la vie, ne laissèrent plus de place à la sponta-
» néité humaine. La lettre tua l'esprit; et la vie du pieux Israë-
» lite se trouva enfin métamorphosée en une sorte d'automatisme
» moral..... Cette loi, dont le souffle de la vie avait disparu,
» se changea forcément en une lettre morte, en une réglemen-
» tation morale qui se chargea chaque jour de prescriptions
» nouvelles et de plus en plus minutieuses...... Dans la terre
» sainte, la routine, la répétition uniforme du culte, l'absence
» de toute opposition tendaient inévitablement à transformer la
» religion en un pur formalisme et à l'identifier avec les céré-
» monies qui n'en sont que la manifestation extérieure. La
» tendance, de plus en plus prononcée, de réglementer la vie
» tout entière, pour la retenir plus sûrement dans la stricte
» observation de la loi, allait encore plus directement à étouffer
» le sentiment religieux et à ne faire de la religion qu'une ma-
» chine gouvernementale. Ce déplorable résultat était à peu
» près atteint au moment de la naissance du christianisme.....
» Au moment de l'avénement du christianisme, cette réglemen-
» tation morale avait pris déjà de larges proportions. Il s'agis-
» sait plutôt de suivre la tradition des pères que d'obéir aux
» inspirations de la conscience (A) et l'on sait avec quel bonheur
» Jésus-Christ mit parfois dans un cruel embarras les Phari-
» siens, en opposant leurs prescriptions légales aux simples
» données de la raison morale (B). »

— Toujours des généralités! murmura Théodore.

— Je vais te lire des détails, dans les ouvrages de Döllinger,
de Depping et de Bullet (87) :

« 27 ..... Par exemple, il fallait (dit Döllinger) se laver les

(A) Matthieu V, 31-47; XXIII, 16-28; XII, 1-2; XV, 3-6 et les parallèles :
Marc. VII, 10-12; Luc. XVIII, 11-12, etc. (Note de M. N.)
(B) Matthieu XII, 9-12, XV. 2-9. (Note de M. N.)
(87) Döllinger. Ibidem. T. 4. pp. 131, 132.
Depping. Ibidem. p. 62.
Bullet. *Réponses critiques.* T. 2. pp. 408 à 410.

» mains avant le repas, prendre un bain en revenant du marché
» où l'on s'était probablement souillé par le contact avec des
» gens ou des objets immondes — nettoyer les plats, les coupes,
» les bancs sur lesquels on se couchait pour manger. Une cruche
» de terre, où était tombée une mouche morte, devait être
» brisée. En outre, les traditions rendaient l'observation du
» Sabbat plus difficile; personne ce jour là ne s'éloignera au-delà
» de 1000 pas de son habitation — aller au marché, porter un
» fardeau quelconque — guérir un malade, arracher des épis —
» constituaient autant de violations de ce précepte. La Mischna
» comptait jusqu'à 39 actions défendues le jour du Sabbat : et
» à ces 39, il faut encore en ajouter une foule d'autres qui res-
» semblaient plus au moins aux premières. On allongea le Sabbat
» et on le commença avant le coucher du soleil, pour être, selon
» la théorie du Gader, à l'abri de toute faute. De la même façon
» fut élargi le précepte de la dîme; Moïse ne l'avait pas étendue
» à toutes les plantes, mais les Pharisiens la payaient de la
» menthe, de l'anet et du cumin.... »

« On peut s'étonner (écrit Depping) qu'un philosophe tel que
» Maimonides ait pu employer son talent et perdre son temps à
» commenter les pratiques minutieuses et même absurdes qui
» remplissent une partie de la Mischna. Ne devait-il pas regar-
» der en pitié ces détails sur la vache rousse? Pouvait-il discuter
» sérieusement s'il est permis, selon l'école d'Hillel, de manger
» les oiseaux avec du lait, ou si cela est défendu, selon l'école
» de Shammaï; s'il faut balayer la maison avant de se laver les
» mains, ou s'il faut se laver avant de balayer?

— Ce que tu viens de nous lire me donne l'explication de
l'extrême malpropreté d'un juif, que j'ai rencontré ce matin. Le
cher homme aura trouvé le moyen de ne se mettre en opposition, ni avec l'école d'Hillel, ni avec celle de Shammaï. Il ne se
sera pas lavé les mains et n'aura pas balayé sa maison.

— Je continue :

« Voici (dit Bullet) quelques-unes des ordonnances qui regar-
» dent le Sabbat.

» Il ne faut pas ce jour là marcher sur l'herbe (a). Quelques
» docteurs le permettent, mais d'autres le défendent, parce que
» ce serait un crime d'emporter un brin d'herbe avec son soulier.

» On ne peut lâcher un coq auquel on a attaché un petit bout
» de ruban à la jambe pour le reconnaître; mais il faut le lui
» ôter le vendredi, afin que suivant la loi, il puisse passer le
» Sabbat dans le repos.

» Il est défendu aux hommes et aux femmes de courir le jour
» du Sabbat. On ne peut, ce jour là, faire un pas qui soit plus
» grand qu'une coudée.

» Il n'est pas permis de traverser de l'eau, de peur que cela
» ne donne occasion de sécher ses bas.

» On ne peut porter aucune arme, ni épée, ni lance, ni cui-
» rasse, etc. Un tailleur ne doit pas sortir de la maison avec une
» aiguille plantée dans sa manche.

» Il est défendu à un aveugle de porter un bâton, ce qui est
» permis à un boiteux et à un paralytique, qui ne peut marcher
» sans cela.

» Si l'emplâtre que l'on a sur une plaie vient à tomber, il n'est
» pas permis de le relever ni de le relier sur la plaie.

» Il est défendu de porter de l'argent en chemin.

» On peut torcher la boue de ses souliers à une muraille, mais
» non contre terre, de peur qu'il ne semble qu'on remplit
» une fosse.

» Il est permis d'enlever avec ses mains la boue qui est sur
» ses bas et sur son manteau lorsqu'elle est fraîche, mais non
» lorsqu'elle est sèche, parce qu'elle produit de la poussière, et
» que celui qui la racle alors parait moudre et diviser quelque
» chose.

» Il est défendu de porter un chasse-mouches.

» On ne peut courir après une puce qui saute sur la terre ou
» sur ses habits : on peut la prendre si elle pique, mais non

(A) Liv. 6, Traité du Sabbat, Orach chajim, c'est-à-dire chemin de la vie, nombres 501, 502, 308. (Note de Bullet.)

» l'écraser. On peut écraser le pou; mais le Rabbi Eliezer re-
» garde cela comme un crime.

» Il ne faut point se regarder dans un miroir, de peur que les
» femmes, curieuses de leurs ajustements, ne remarquent un
» cheveu mal placé, et y mettent la main pour le raccommoder.

» Il est défendu de jouer d'aucun instrument de musique; on
» ne peut pas même frapper la table avec les doigts pour apaiser
» un enfant qui pleure.

» Il n'est point permis d'écrire sur une table mouillée, sur
» des cendres ou sur de la poussière; mais il n'est pas défendu
» d'écrire en l'air.

» On ne peut effacer aucune écriture, soit sur le papier, soit
» sur la cire.

» On dispute si une nourrice ou une servante, qu'un enfant
» aura salie de son ordure ou de son urine, peut se laver tout de
» suite : quelques-uns le croient permis : Rabbi Josué le défend,
» en disant que c'est une lessive. »

— La compagnie des servantes du Rabbi Josué ne devait
pas être fort recherchée le jour du Sabbat, dit Victor.

— Non plus que celle des disciples du Rabbi Eliezer, ajouta
Gustave en riant.

— Je ris de tout cela comme vous, mes chers amis, dit Théodore; mais je me permets de croire que les juifs de notre époque
n'observent pas très-scrupuleusement des prescriptions aussi
puériles.

— Je ne pense pas, répliqua Muril, que les Israélites observent plus religieusement les préceptes rabbiniques, dans les
temps modernes, que leurs ancêtres n'observaient les prescriptions de Moïse, dans la haute antiquité : mais, qu'on veuille bien
le remarquer, il ne s'agit pas, en ce moment, de s'assurer de ce
que les Israélites observent réellement; mais de constater ce
qu'on leur a prescrit, et les conséquences qui sont résultées
de là.

— Soit. Mais je n'ai rien entendu jusqu'ici qui fût de nature à justifier l'assertion de Döllinger : que *la conscience du juif était muette, là où une loi concrète n'était pas appliquée au cas présent par les Scribes.*

— Pour justifier cette assertion, je vais te mettre, sous les yeux, un exemple de *formalisme* flétri par le Christ et un exemple du *formalisme* de notre époque. Je lis :

St Matthieu. Chap. XXIII. ℣. 16. « Malheur à vous, conduc-
» teurs aveugles, qui dites : Si un homme jure par le temple,
» cela n'est rien ; mais s'il jure par l'or du temple, il doit.

℣. 17. » Insensés et aveugles que vous êtes! lequel doit-on
» plus estimer, ou l'or, ou le temple qui sanctifie l'or?

℣. 18. » Et si quelqu'un jure par l'autel, cela n'est rien : mais
» s'il jure par le don qui est sur l'autel, il doit.

℣. 19. » Insensés et aveugles que vous êtes! lequel doit-on
» plus estimer, ou le don, ou l'autel qui sanctifie le don? »

Voilà du *formalisme* ancien. Voici maintenant du *formalisme* moderne, rapporté par Th. Hallez (88).

« Un juif, plusieurs fois millionnaire, sur le point de prêter
» un serment qu'on lui avait déféré, prit la précaution de quitter
» l'estrade carrée qui se trouve au milieu de la synagogue, et
» d'aller s'appuyer sur un banc voisin. C'était ôter à l'avance
» toute efficacité au serment (c). Mais l'adversaire de l'ingénieux
» Israélite, connaissant ou devinant ce moyen d'échapper aux
» liens du serment, fit observer au Rabbin que le juif n'était pas
» à la place prescrite. Le Rabbin reconnut la vérité de cette
» observation, et le juif, invité à se mettre en la place consacrée,
» demanda et obtint la remise au lendemain pour réfléchir à la
» chose. La réflexion lui profita, et le serment ne fut pas prêté. »

— L'auteur ne dit-il pas comment cette anecdote est parvenue à sa connaissance?

(88) Hallez. *Des Juifs en France.* p. 250.

(c) Voyez l'arrêt de la cour de Colmar du 10 Février 1809, parmi nos documents complémentaires (note de Hallez).

N. B. A la page 350, Hallez extrait, de cet arrêt, la formule du serment *more judaïco.* On y voit que l'estrade carrée dont il s'agit porte le nom de ALMEMOR.

— Il dit seulement qu'elle est bien connue dans le pays.

— Je suis tout disposé à la croire très-véritable, dit Victor ; car il se trouve dans le recueil de jurisprudence de Sirey un arrêt extrêmement remarquable de la cour de Colmar, dont un des *considérants* constate des faits analogues à celui rapporté par Hallez.

Muril m'en ayant parlé hier, j'ai pris avec moi le volume de Sirey qui contient cet arrêt, que la cour a rendu le 18 Janvier 1828, dans l'affaire de Mannheimer contre Willard (89). Voici comment le *considérant* dont il s'agit est conçu :

« Que l'utilité et l'efficacité du mode de serment sont telles,
» que lorsqu'il a été prescrit de nouveau par l'arrêt de la cour
» du 10 Février 1809, tel qu'il était prêté avant la révolution,
» des juifs, auxquels ce serment avait été déféré, d'abord sans
» la formule spéciale, et qui avaient eux-mêmes assigné, pour
» voir faire cette affirmation pure et simple devant le juge, ont
» ensuite refusé de faire celle qui leur a été imposée devant le
» Rabbin, et ont préféré payer des sommes importantes ; — que,
» d'un autre côté, il est arrivé aussi, et à la même époque, que
» le juif, chargé, par arrêt, de prouver avoir fourni valeur en-
» tière et sans fraude, en conformité du Décret du 17 Mars 1808,
» avait offert de faire la preuve à lui imposée, et avait même
» déjà assigné les témoins juifs, dont il entendait invoquer le
» témoignage ; mais qu'au moyen du mode spécial de serment,
» admis depuis cette assignation, le juif a renoncé à faire en-
» tendre ses co-religionnaires comme témoins ; qu'alors leur
» témoignage ayant été invoqué par l'adversaire contre ce même
» juif, ils n'ont pas hésité de déposer contre lui, après le ser-
» ment *more judaïco* qu'on leur a fait prêter. »

— Il suit de tout cela, fit observer Gustave, qu'un juif de cette catégorie ne se croit obligé d'être honnête homme, qu'aussi

---

(89) Sirey 1828. 2. (131). — 113. (format in-8º).

N. B. Hallez rapporte aussi le *considérant*, mais il donne à l'arrêt la date du 13 Janvier.

longtemps qu'il se trouve sur *l'Estrade carrée* (sur *l'Almemor*).
Une fois descendu de là, sa conscience lui permet d'être fripon !

— Tout au moins, sa conscience est-elle muette, dans cette
situation, comme le dit Döllinger.

CONCLUSION.

Et maintenant, mes chers amis, que vous savez ce que c'est
que la *loi orale* des Talmudistes; maintenant que vous connais-
sez quelques unes des illusions qu'elle a fait naitre et quelques
uns des préceptes rigoureux qu'elle ajoute à la loi écrite de
Moïse ; maintenant que vous venez d'entendre les conséquences
pratiques des doctrines talmudiques ; je vous le demande à tous,
y a-t-il un seul de vous qui considère les talmudistes comme de
véritables sectateurs,

Soit de la religion d'Abraham, à qui le Seigneur a dit : *soyez
parfait;* et qu'il a chargé d'ordonner à ses descendants *d'agir
selon l'équité et la justice* (90)?

Soit de la religion de Moïse, qui a dit, d'une part, à son
peuple : *faites seulement en l'honneur du Seigneur ce que je vous
ordonne, sans y rien ajouter ni en rien ôter ;* et, d'autre part,
aux lévites : *Prenez ce livre et mettez-le à côté de l'arche de
l'alliance du Seigneur votre Dieu, afin qu'il y serve de témoignage
contre vous* (91)?

Votre silence me prouve que nous sommes tous du même
avis; et il ne me reste plus qu'à me résumer, en vous présen-
tant une légère esquisse du magnifique spectacle que le *Phénomène israëlite* offre à nos yeux.

Un jour, il a été dit au patriarche Abraham : TOUS LES PEULES
DE LA TERRE SERONT BÉNIS EN VOUS.

Depuis lors, 3788 années se sont écoulées; et l'histoire de
cette longue série de siècles peut vous apprendre la nature de

(90) GÉNÈSE. XVII. 1 et XVIII. 19.
(91) DEUT. XII. 32 === XXXI. 26.

la bénédiction générale qui devait se répandre sur le genre humain par le canal d'Abraham.

Consultez l'histoire ancienne et demandez-vous ce qu'était le genre humain avant la naissance du Christ.

Lisez l'histoire moderne; ou plutôt ouvrez les yeux, et voyez ce que le genre humain est devenu, partout où le christianisme a pu exercer son heureuse influence.

Le CHRISTIANISME est la seule BÉNÉDICTION GÉNÉRALE que vous trouverez dans l'histoire; et c'est positivement par un descendant d'Abraham qu'elle nous a été appliquée (92).

(92) Jamais les penseurs sérieux ne verront de BÉNÉDICTION GÉNÉRALE, ni dans l'*Islamisme*, qui ne s'est établi et propagé qu'à l'aide de la violence et de la sensualité; ni dans le *Brahmanisme*, avec ses castes et ses sacrifices humains; ni dans le *Boudhisme*, avec sa perfection *Nirvana* (retour de l'homme à l'état d'élément), avec son *Lama-Dieu*, à renaissances successives! (On peut lire quelques lignes intéressantes, au sujet de ces deux dernières religions, dans *Le Christ et les antéchrists* de Mgr Dechamps (pp. 147 à 151 et 481 à 483. Tournai 1858). Le *Lama-Dieu* du Thibet a d'ailleurs été l'objet de deux rapports officiels de l'ambassadeur anglais Samuel Turnes, adressés à Mr Macpherson, gouverneur-général du Bengale, sous les dates respectives du 2 Mars 1784 et du 8 Février 1789. Ces documents curieux ont été publiés en France (*Description de l'Indostan*. Paris, an VIII, tom. 3. pp. 329 à 359), d'après la traduction française de Mr Castéra.

J'ai tracé précédemment une esquisse fortement adoucie, sous un rapport, et très-incomplet, sous un autre, de l'heureuse révolution religieuse et morale opérée par la religion chrétienne (*La foi*, etc., fin du chap. 3 et tout le chap. 4. pp. 320 à 461). Pour ne pas remonter de nouveau le cours des siècles, je conseille ici, à ceux qui combattent le christianisme, de demander à l'histoire contemporaine ce que la société devient lorsqu'on le supprime? A cette question, l'histoire leur fera la réponse suivante :

A la fin du siècle dernier, la France a fait une expérience de ce genre. On y avait adopté en même temps la dévise : LIBERTÉ, ÉGALITÉ, FRATERNITÉ OU LA MORT ; et, par l'absence du christianisme, cette dévise signifia bientôt :

LIBERTÉ pour le mal : pour les *septembriseurs* massacrant des prisonniers non condamnés; pour la populace en délire chantant (et joignant l'action à la parole) *Les aristocrates à la lanterne*; pour les agents du terrorisme couvrant la France de sang et de deuil.

ÉGALITÉ devant l'échafaud, arrosé tantôt du sang d'innocentes victimes et tantôt de celui de leurs bourreaux.

FRATERNITÉ dans la fange : entre les *sans-culottes*; entre les *tricoteuses* du tribunal révolutionnaire; entre les *filles-mères*, etc.

LA MORT sous toutes les formes : par la guillotine; par le sabre; par les fusillades; par les noyades; par les *mariages républicains*, etc. etc.

Cette bénédiction générale s'est répandue sur la terre, en parcourant trois périodes ou époques successives : L'époque patriarcale, l'époque mosaïque et l'époque chrétienne.

La période patriarcale fut une époque de formation et de développement; pendant laquelle, il a été dit à Abraham : *Vous garderez donc aussi mon alliance et votre postérité la gardera de race en race (93)*.... à la suite de ces paroles, le monde payen a vu naître et se développer, à l'état d'isolement, la famille exceptionnelle d'Abraham, d'Isaac et de Jacob.

La période mosaïque fut une époque d'organisation nationale, pendant laquelle il a été dit à quelques millions d'âmes réunies dans le désert : *Ecoutez Israël les cérémonies et les ordonnances que je vous déclare aujourd'hui; apprenez-les et les pratiquez (94)*.....
A la suite de ces paroles, le monde payen a vu la famille patriar-

L'horrible cauchemar qui pesait alors sur la France ne disparut que lorsqu'on put réaliser ce vœu secret de la grande majorité des français :

> Ouvrez, à notre foi, ces temples de village,
> Entourés de tombeaux que le tilleul ombrage ;
> Où l'ouvrier demande, à l'Etre souverain,
> La force et la santé, du courage et du pain.
> Ouvrez, au nom du Christ, (*) la cathédrale antique,
> A la voûte élevée, à l'imposant portique ;
> Où le riche et le pauvre, entrés à pas égaux,
> Cherchent, dans la prière, un remède à leurs maux.
> Le vrai culte chrétien, ce culte de nos pères,
> Peut seul couvrir d'oubli nos affreuses misères ;
> Peut seul rendre aux français le calme et le bonheur ;
> Après des jours de sang, de fange et de terreur.

Telle doit être la réponse de l'histoire contemporaine ; et maintenant je me demande si les faits qui se sont produits en France à la fin du XVIII° siécle sont devenus impossibles depuis lors? S'il est des hommes qui osent donner une solution affirmative à cette terrible question, je ne suis pas du nombre de ceux-là. (Voir *La foi*, etc. pp. 121 à 123).

(*) On n'ouvrait alors les cathédrales que pour les profaner. Chaumette intronisa pompeusement dans celle de Paris une raison en chair et en os, armée d'une pique et coiffée du bonnet rouge. Elle se nommait *Maillard* et appartenait à l'Opéra. (Feller Dict. hist. art. CHAUMETTE. Paris 1821 à 1824).

(93) GÉNÈSE. XVII. 9.
(94) DEUTERONOME. V. 1.

cale se constituer à l'état de nation, sous un régime religieux et politique tout exceptionnel.

La période chrétienne a été, dès le principe comme elle l'est encore aujourd'hui, une époque de propagation universelle; au commencement de laquelle, il a été dit aux pauvres apôtres illettrés du Christ : *Allez par tout le monde, préchez l'Evangile à toute créature* (95).... A la suite de ces paroles, le monde payen s'est converti; et le paganisme, avec tous ses fléaux, a été remplacé par le christianisme, avec tous ses bienfaits.

(95) S¹ Marc. XVI. 15.

APPENDICE LINGUISTIQUE (96).

—

Simplifier, c'est améliorer.

Les amis étaient sur le point de se séparer, lorsque Frédéric demanda la permission de les entretenir, pendant quelques minutes, d'une question de linguistique.

— Notre cher Docteur (dit-il) nous a proposé des procédés nouveaux pour rendre l'hébreu en caractères modernes; et je viens, à mon tour, vous communiquer les réflexions que j'ai faites à ce sujet. J'ajoute que c'est à la langue chinoise que j'en dois la première idée.

— Voilà que nous arrivons au chinois! s'écria Théodore. Au reste, après que Muril nous a cité des mots latins, grecs, espagnols, italiens, anglais, allemands, hollandais ou flamands et des mots hébreux par dessus le marché, je ne vois pas pourquoi nous empêcherions notre ami Frédéric de nous régaler de quelques chinoiseries. Nous pouvons compter avec certitude qu'il ne sera rien moins que prolixe dans ses citations.

— En fait de chinois, je me contenterai de dire que le fondateur de la grande muraille qui forme la frontière septentrionale

(96) Voir la note 11 ci-dessus.

Si, parmi ceux de mes lecteurs qui s'occupent des textes bibliques, il s'en trouve qui se demandent pourquoi je n'adopte aucune des *nombreuses* méthodes de réproduction de l'hébreu proposées avant moi; je me borne ici à leur répondre que c'est pour rendre ces textes avec fidélité, sans mutilation ni superfétation.

Je les renvoie, pour une réponse plus complète, à *La foi*, etc. pp. 513 à 525 et à la *Petite Revue* etc. pp. 67 à 82.

du *Céleste Empire* était un Empereur dont le nom s'écrit SCHI-HOANG-TI en caractères français. Ce nom est composé de quatre syllabes, divisées en trois groupes par des *traits-d'union* ; groupes, dont le 1er est formé par une seule syllabe; le 2me, par deux; et le 3me, également par une seule : de sorte que les *traits-d'union* séparent, non pas les différentes syllabes du nom, comme on serait peut-être tenté de le croire, mais les différents caractères chinois.

— Que peut-il y avoir de commun entre la grande muraille de la Chine et la réproduction moderne de l'hébreu?

— Rien, absolument rien; mais les *traits-d'union* que les français emploient pour séparer les groupes de lettres modernes, au moyen desquels ils représentent les caractères chinois, m'ont donné l'idée d'employer le même procédé pour séparer les consonnes hébraïques, les unes des autres.

— Quel avantage trouves-tu à cet arrangement? demanda Muril.

— Celui de simplifier ton procédé, tout en facilitant les recherches lexicographiques et le travail des typographes.

Un exemple suffira pour faire comprendre immédiatement ma pensée.

A la page 525 de *La foi, le bon sens et les faits*, tu as fait imprimer un mot hébreu, et à la page 79 de la *Petite Revue* etc., un autre encore ; je les réunis de la manière suivante :

$$\mathbf{m}\ y\ \overset{\hat{o}}{\underset{\hat{i}}{\mathbf{h}}}\ \mathbf{I}\ \underset{\hat{e}}{\mathrm{X}} \qquad \text{אֱלֹהִים} \qquad \mathbf{h}\ \underset{\hat{a}}{\mathbf{v}}\ \overset{\hat{o}}{\mathbf{h}}\ \underset{e}{\mathbf{Y}} \qquad \text{יְהֹוָה}$$

Le premier mot (en lisant de la droite à la gauche) est composé de quatre consonnes hébraïques, et le second de cinq. Quelques-unes de ces neuf consonnes sont accompagnées de points-voyelles, qui leur servent d'accessoires et que je ne veux pas en détacher; mais, par contre, je sépare chaque consonne hébraïque (principal et accessoires), de ses voisines par des *traits-d'union;* de manière à établir autant de groupes qu'il y a de ces consonnes.

Je n'applique naturellement ce procédé qu'à la reproduction *moderne* de l'hébreu : mais si je voulais en faire l'application à l'hébreu *classique*, il me faudrait écrire :

א-ל-הֵ-י-ם   יְ-ה-וָ-ה

Dans cette formule hébraïco-chinoise, simplement hypothétique, je remplace les caractères hébraïques par tes lettres modernes *maigres*, et j'obtiens :

$\overset{\hat{o}}{\text{m-y-}}\underset{\hat{\imath}}{\text{h}}\text{-}\underset{\hat{e}}{\text{l}}\text{-X}$ $\overset{\hat{o}}{\text{h}}\text{-v-}\underset{\hat{a}}{\text{h}}\text{-}\underset{e}{\text{Y}}$

Enfin, je dispose le tout pour la lecture moderne (allant de la gauche à la droite) et j'obtiens :

Ye-h-ôvâ-h   Xè-l-ôhi-y-m

— Mais le lecteur confondra peut-être tes *traits-d'union* séparatifs, avec le *makkeph* (*trait-d'union* copulatif) qu'on rencontre assez souvent dans le texte hébreu.

— Pas du tout : car mes *traits-d'union* séparatifs seront pris dans une casse maigre ; tandis qu'on prendra le *makkeph* copulatif dans la casse grasse. En outre, je placerai le *makkeph* vers le haut des lettres, comme il l'est dans le texte hébreu ; tandis que mes *traits-d'union* séparatifs conserveront leur position ordinaire. — Ce sont là des différences qui préviendront toute confusion.

— Si je te comprends bien, tu dois supprimer les espaces blancs dont je fais usage dans l'un de mes procédés.

— Oui, mon cher Docteur.

— Où donc places-tu mes petites capitales muettes?

— Je n'en emploie aucune ; les lettres maigres m'en tiennent lieu.

— Où mets-tu les points *daguesch* et *mappick?*

— Précisément où tu les places toi-même : A la suite des consonnes ou des groupes de consonnes représentant les

lettres hébraïques affectées de ces points (97) j'écris donc :
C·o-l⎯D·l-be-rê-y (98), **G·-ôv-y**, etc.

— Un mot encore : abstraction faite des petites capitales et des lettres blanches, que tu rejettes, reproduis-tu les caractères hébraïques de la même manière que moi?

— Je n'apporte que deux modifications, et encore très-légères, à ta manière de reproduire ces caractères.

Quant aux lettres grasses, je ne modifie que le groupe français par lequel tu représentes la consonne hébraïque qui ressemble à l'assemblage de trois croches musicales. Je restitue, à ce groupe français, la lettre initiale **s,** que les autres écrivains lui donnent et que tes procédés suppriment; modification, qui ne change rien à la prononciation, mais qui me fait rendre la consonne hébraïque de la manière suivante :

śÇ śÇ śÇH śÇH

Et, qu'on veuille bien le remarquer, il résulte de là que le point ou les points (*diacritiques*), placés au-dessus des croches extérieures de la consonne hébraïque, se trouvent précisément reproduits dans la même position, au-dessus des groupes de consonnes françaises.

Quant aux lettres maigres, j'entame quelque peu la partie supérieure de la lettre Q q, qui représente la consonne hébraïque צ, dont la forme se rapproche de celle d'une pince.

— Tu devrais bien nous présenter un double alphabet formé d'après ta méthode; comme j'en ai publié d'après les miennes.

— J'ai prévenu tes désirs, mon cher Muril; et voici mon double alphabet, à moi (99).

— J'étudierai ton procédé, à mon premier moment de loisir; et nous pourrons examiner ensemble, dans une réunion prochaine, s'il faut le préférer aux miens.

(97) Voir *Petite Revue* etc. pages 72 et 78.
(98) Forme préférable à celle de p. 68.
(99) Voir la page 107 ci-après.

— Ce serait perdre notre temps, dit Théodore. Que chacun de nous adopte celui de ces procédés qui lui convient le mieux, ou les combine comme il l'entend; pourvu qu'il ait soin de nous présenter son alphabet hébraïco-français. A cette condition, liberté entière pour tout le monde de choisir ce qu'on préfère.

— Je suis de ton avis, s'écria Victor en se levant; et je profiterai de ma liberté de choisir, pour n'étudier aucun de vos procédés de reproduction; comme je profite en ce moment de ma liberté d'agir, pour vous souhaiter le bon soir, à tous.

— Nos procédés de reproduction, répliqua Muril, en se levant à son tour, ne sont destinés qu'à faciliter l'examen du texte classique; et ceux qui ne veulent pas s'occuper des textes, peuvent se dispenser de cette étude linguistique. Il n'est pas du tout nécessaire qu'on vérifie chacune de mes citations; mais il faut que chacun puisse les vérifier (100).

(100) Pour faire cette vérification, il est bon de reproduire, en hébreu classique, les mots modernisés dont on s'occupe; mots, qui sont divisés en sections séparées par des *traits-d'union* maigres.

A cet effet, l'on écrit d'abord, d'après l'alphabet *hébraïco-français* de la page ci-après, la consonne hébraïque représentée par la consonne (ou le groupe de consonnes) de la 1ʳᵉ section (*à gauche*) du mot modernisé. S'il se trouve un *point* à la suite de cette consonne (ou de ce groupe), on met un *petit point* dans l'intérieur du caractère hébraïque. On place de plus, au-dessus, au-dessous ou vers le milieu de ce caractère, les *points-voyelles* que l'alphabet indique pour les voyelles françaises qui font partie de la section initiale. Celle-là terminée, on en agit de même pour la section suivante (*à droite*), en observant de placer le second caractère hébraïque *à la gauche* du premier; et l'on continue le même procédé jusqu'à la fin du mot.

De cette manière, l'hébreu modernisé, qu'on lit *de la gauche à la droite*, se trouve transformé en hébreu classique, qui se lit *de la droite à la gauche*.

B	**b**		בּ
C	**c**	(1)	כ ך
D	**d**		ד
G	**g**	(1)	ג
Ǵ	**ǵ**	(2)	ח
H	**h**		ה
K	**k**		ק
L	**l**		ל
M	**m**		מ ם
N	**n**		נ ן
P	**p**		פ
PH	**ph**		פ ף
Q	**ꞯ**		ע
R	**r**		ר
S	**s**		ס
ṠÇ	**ṡç**	(3)	שׂ
SÇH	**sçh**	(4)	שׁ
SÇHÔ	**sçhô**		שׁ
ṠÇHÔ	**ṡçhô**		שׁ
ṠÇÔ	**ṡçô**		שׁ
T	**t**		ט
TH	**th**		ת
TS	**ts**		צ ץ

V	**v**		ו
v			ו
X	x		א
Y	**y**	(5)	י
y			י
Z	**z**		ז
â			◌ָ
a			◌ַ
ä		(6)	◌ֲ
é			◌ֵ
é			◌ֶ
e		(7)	◌ְ
è		(6)	◌ֱ
î	**i**		◌ִ
ô			◌ֹ
ôsç			שׁ
ôsç			שׂ
ôsçh			שׁ
ôv	**ôv** **vô**		וּ
o			◌ָ
ò		(6)	◌ָ
UV (8)	**ûv** **v**		וּ
u		(6)	◌ֻ

(101) Les deuxièmes lettres hébraïques sont des finales.

Les lettres modernes maigres sont muettes. Les autres se prononcent à l'ordinaire, en tenant compte cependant des observations suivantes :

(1) Prononcez comme dans *cagot, gascon.* (2) Comme le *g* flamand et hollandais; le *j* espagnol. (3) Comme dans *scène, science.* (4) Comme dans *schisme, schabraque.* (5) Avant une voyelle, comme dans *yacht, yole;* après, comme *ï.* (6) Bref. (7) Comme l'*e muet* français. (8) *où.*

www.ingramcontent.com/pod-product-compliance
Lightning Source LLC
LaVergne TN
LVHW021739170726
843503LV00004B/1629